속담이
백 개라도
꿰어야
국어왕

일러두기

교과서 수록 : 초등학교 교과서에 실린 속담과 고전을 표시하였어요.

전래동화 : 예로부터 전해 내려오는 이야기예요.

이솝우화 : 그리스의 우화작가 이솝(Aesop)의 이야기예요.

탈무드 : 유태인 문화의 원천으로 유대 문화의 구전과 해설을 집대성한 책이에요.

세계명작 : 세계의 유명 작가들의 이름난 작품이에요.

신화 : 고대 사람들의 생각이 담긴 신성한 이야기예요.

전설 : 옛날부터 민간에 입으로 전하여 내려오는 이야기예요.

설화 : 각 민족 사이에 전해오는 이야기. 넓은 의미로 신화, 전설을 포함하기도 해요.

역사 : 인류가 변해 온 과정을 기록한 이야기예요.

비슷한 속담 알아보기 : 본문에서 배운 속담과 비슷한 속담을 더 알아볼까요?

고전 하나 더 : 본문에서 배운 속담이 담긴 다른 고전을 더 읽어 볼까요?

고전 깊이 읽기 : 전래동화, 이솝우화, 탈무드 등 고전에 대해 좀 더 알아봐요.

교과서 속 속담 이야기

속담이 백 개라도 꿰어야 국어왕

상상의집

머리말

술술 읽다 보면 어느 새 머릿속에
속담이 쏙쏙 들어와 있을 순 없을까?

속담이란 옛날부터 전해 내려온 교훈, 비판, 풍자 등을 간직한 짧은 구절을 말해요.

우리는 일상생활에서 속담을 자주 인용하여 말하는데, 속담을 이용하면 짧지만 강렬한 효과를 줄 수 있고, 그 표현 자체가 무척이나 재미있기 때문이지요.

방학 숙제를 하루에 몰아서 하려다가 지레 포기해 버리려는 친구에게 "해 보지도 않고 포기하면 어떡하니?"라며 비난을 하기보다는 지금부터 시작할 수 있게 "천 리 길도 한 걸음부터랬어."라고 이야기해 주는 것이 더 재치 있고 재미나게 느껴지지요? 피아노 대회에 나가기 전에 실수할 것을 걱정하는 친구에게는 "공든 탑이 무너지랴?" 라는 속담으로 힘을 준다면 더 큰 응원의 의미를 줄 수 있을 거예요.

우리나라에는 손에 꼽을 수 없을 만큼 많은 속담이 있어요. 이 속담 하나하나에는 우리 선조들의 지혜와 슬기, 그리고 선조들이 살던 옛 시대의 문화가 고스란히 담겨 있지요. 하지만 속담을 무턱대고 달달 외우기만 한다고 해서 그 안에 담긴 선조들의 지혜와 슬기, 옛 문화를 배울 수 있을까요? 그건 아닐 겁니다.

'술술 읽다보면 어느 새 속담이 머릿속에 쏙쏙 들어와 있을 순 없을까?' 이런 고민을 해본 적이 있다면 이 책이 바로 그 해결책이 되어 줄 거예요.

이 책은 재미있는 이야기들을 읽으며 자연스레 속담의 뜻과 응용하는 방법을 배우게 하거든요.

교과서에 나오는 전래동화, 우리나라의 유명한 신화와 전설, 그리고 세계적으로 이름난 명작들을 재미있게 읽다 보면 꼭 알아야 할 필수 속담과 비슷한 속담, 반대의 속담까지도 자연스레 익히게 될 거예요.

그럼 이제 신나는 속담 이야기 속으로 한번 빠져 볼까요?

차례

가는 말이 고와야 오는 말이 곱다

교과서 수록

1

내가 남에게 잘해야 남도 내게 잘한다.

전래동화 **호랑이와 두 나무꾼**

옛날 아주 먼 옛날, 두 나무꾼이 담을 마주하고 살고 있었어요.

한 나무꾼은 입만 열면 험한 소리를 하는 못된 버릇이 있었어요. 반면 다른 나무꾼은 곱고 예쁜 말만 해서 이웃 마을까지 칭찬이 자자했지요.

그러던 어느 날이었어요.

입이 험한 나무꾼이 산에 나무를 하러 갔다가 호랑이 새끼를 만났지 뭐예요? 이 나무꾼은 습관처럼 호랑이 새끼를 보면서 마구 험한 말을 해 댔어요.

"고놈의 호랑이 새끼 참 못생겼구먼. 나중에 집채만 해지면 사람도 잡아먹고 아주 흉측해질 테지!"

그런데 그때, 실컷 험한 소리를 내뱉은 나무꾼 앞에 진짜로 집채만 한 어미 호랑이가 나타났지 뭐예요?

"어흥! 어으흥!"

나무꾼이 한 이야기를 어미 호랑이가 모두 듣고 있었던 거예요.

제 새끼더러 못생겼다는데 좋다 할 어미가 있나요?

어미 호랑이는 나무꾼을 죽지 않을 만큼 실컷 혼내 주었죠.

그뿐이 아니었어요.

그 날부터 입이 험한 나무꾼이 나무를 하러 산에 가면 호랑이가 나타나 훼방을 놓았어요.

할 수 없이 이 나무꾼은 이 산에서 나무를 하지 못 하고, 먼 산으로 다니며 고생을 해야 했지요.

한편, 입이 고운 나무꾼도 산에 나무를 하러 갔다가 호랑이 새끼를 만났어요.

"아유, 고놈 참 귀엽기도 하다. 크면 늠름하고 씩씩한 호랑이가 되겠구나!"

이 말을 이번에도 어미 호랑이가 들었답니다.

제 새끼 예쁘다는데 싫다 할 어미가 있나요?

그 날부터 호랑이는 나무꾼 집에 나무도 물어다 주고, 귀한 산삼도 가져다주고, 등에 태워서 깊은 산 속 사람의 발길이 닿지 않는 진귀한 경치까지 보여줬답니다.

입이 험한 나무꾼이 툴툴거렸어요.

"아니, 왜 자네만 호랑이에게 귀한 대접을 받는가? 억울하네!"

그러자 입이 고운 나무꾼이 방긋 웃으며 대답했지요.

"가는 말이 고와야 오는 말이 곱다네. 내가 남에게 잘해야 남도 내게 잘하는 법이지!"

내가 친구에게 험한 말을 했다면, 친구 역시 내게 험한 말로 대꾸하겠지요? 하지만 내가 친구에게 친절하게 대했다면 친구도 나에게 친절히 대해 줄 거예요. 이렇듯 내가 남에게 잘해야 남도 내게 잘한다는 것을 '가는 말이 고와야 오는 말이 곱다.'고 한답니다.

- 〈가는 정이 있어야 오는 정이 있다.〉로 바꿔 쓸 수도 있겠죠?
- 〈가는 떡이 커야 오는 떡도 크다.〉도 같은 뜻의 속담이에요.
- 말의 중요성을 강조한 또 다른 속담에는 〈말 한마디에 천 냥 빚도 갚는다.〉가 있어요!

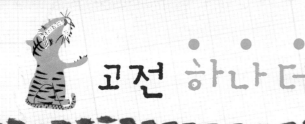

고전 하나 더

이솝우화 **여우와 두루미**

여우가 두루미를 집으로 초대했어요.

"두루미야. 맛있는 요리를 대접할게. 꼭 와 줘."

두루미는 신이 나서 여우네 집으로 갔지요. 그런데 이게 어찌된 일인가요? 여우가 밑이 평평한 넓은 접시에 음식을 내온 것이 아니겠어요?

"아이구, 맛있다. 냠냠 쩝쩝."

부리가 뾰족한 두루미는 음식을 먹지 못하고 여우가 맛있는 음식을 모두 먹어 치우는 것을 구경만 해야 했어요.

다음 날, 두루미도 여우를 초대했어요.

"내가 너를 위해 준비한 음식이야. 맛있게 먹으렴."

하지만 두루미가 내어 온 음식은 주둥이가 긴 병에 담겨 있어서 여우는 도저히 먹을 수가 없었지요. 맛있게 먹는 두루미에게 여우가 화를 내며 말했어요.

"이걸 나더러 어떻게 먹으라는 거야? 이 못된 두루미야!"

"가는 말이 고와야 오는 말이 곱다는 말 모르니? 어제 너는 평평하고 넓은 접시에 음식을 내왔잖아!"

두루미의 말에 여우의 얼굴이
새빨개졌답니다.

2 가랑잎이 솔잎더러 바스락거린다고 한다

제 결점이 큰 줄 모르고 남의 작은 허물을 탓한다.

이솝우화 **갈대와 올리브 나무**

경치 좋은 강가에 올리브 나무와 갈대가 살고 있었어요.

올리브 나무는 뻐기기를 참 좋아했답니다.

"내 굵고 단단한 기둥을 좀 봐. 튼튼한 가지도 많이 달렸고, 잎도 반짝거리잖아. 나같이 멋진 나무는 이 세상 어디에도 없을걸?"

그런 올리브 나무의 눈에 갈대가 우스워 보이는 건 당연했지요.

"불쌍한 갈대야. 그렇게 여린 몸으로 대체 어떻게 살아가니?"

"뭐? 내가 여리다고?"

"그래! 산들바람만 불어도 이리 출렁, 저리 출렁거리는 너를 보고 있자니 불쌍해서 눈물이 다 난다."

"괜찮아. 바람이 불면 부는 대로, 햇살이 따가우면 따가운 대로 몸을 맡기면서 꽃과 함께 춤도 추고, 나비들과 인사도 하고 그렇게 지내는 게 행복해."

"뭐라고? 그렇게 우스운 얘기는 처음 들어 봐!"

갈대의 말에 올리브 나무는 배꼽을 잡고 웃어댔답니다. 하지만 갈대는 그러거나 말거나, 조용히 바람에 몸을 맡길 뿐이었어요.

그러던 어느 날이었어요.

'쏴쏴쏴, 우르릉 쾅쾅.'

강한 폭풍우가 몰아치기 시작했지요.

"갈대야. 난 튼튼한 기둥이 있어서 괜찮은데 넌 어쩌니?"

올리브 나무는 세찬 비바람에 누워 버린 갈대를 보며 또다시 으스댔어요.

"쯧쯧, 연약한 갈대야. 정말 안 돼 보이는구나. 날 봐. 이 튼튼한 기둥 덕분에 난 끄떡없다고!"

"과연 그럴까?"

갈대의 말에 올리브 나무가 발끈했어요.

"그게 무슨 말이야? 지금 날 질투하는 거지?"

그때였어요.

"어어! 내 기둥이 갑자기 왜 이러지?"

'우지끈!'

갑자기 몰아닥친 바람에 올리브 나무의 기둥이 그만 우지끈 부러져 버리고 만 거예요.

반면에 갈대는 강한 폭풍우에도 끄떡없었답니다.

"올리브 나무야. 너처럼 튼튼한 기둥을 가진 것도 좋지만, 가끔은 나처럼 바람 앞에서 고개를 숙일 줄도 알아야 한단다."

"가랑잎이 솔잎더러 바스락거린다고 하더니, 내가 내 결점을 모르고 갈대를 비웃었구나! 흑흑."

눈물을 흘리며 후회했지만 부러진 올리브 나무는 이미 멀리멀리 떠내려가고 있었어요.

가랑잎은 마른 나뭇잎을 말해요. 밟으면 바스락거리는 소리가 나지요. 그런데 그 가랑잎이 뾰족하고 매끈한 솔잎더러 바스락거리는 소리가 난다고 신경질을 부리네요. 솔잎은 얼마나 기가 막히겠어요? 이렇게 자기의 결점은 모른 채 남의 허물만 탓할 때 '가랑잎이 솔잎더러 바스락거린다.' 고 해요.

➊ 〈겨울바람이 봄바람 보고 춥다고 한다.〉로 바꿔 쓸 수 있어요.

➋ 〈똥 묻은 개가 겨 묻은 개 나무란다.〉도 같은 뜻의 속담이에요.

가랑잎이 솔잎더러 바스락거린다고 한다

오랫동안 전 세계인의 사랑을 받은 이솝우화

'나그네의 외투 벗기기 내기를 하는 해와 바람',

'누가 더 빠른지 달리기 경주를 하는 토끼와 거북이'

우리가 너무나 잘 알고 있는 이 이야기들의 공통점은 무엇일까요?

짧고 재미있을 뿐만 아니라 삶의 교훈과 깨달음도 얻을 수 있는 이 이야기들은 이솝우화입니다.

이 이야기들을 지은 사람은 약 2500년 전 그리스에 살던 이야기꾼 이솝이에요. 이솝은 사람이 아닌 동식물을 주인공으로, 그들의 행동 속에 풍자와 교훈의 뜻을 나타내는 이야기를 많이 만들었지요. 이러한 이야기를 '우화'라고 해요. 그래서 사람들은 이솝이 지은 이야기를 '이솝우화'라고 부른답니다.

하지만 이솝이 이야기를 글로 적어 '이솝우화'라는 제목의 책으로 낸 것은 아니에요. 이솝이 지어 낸 우화들이 아주 재밌어서 사람들의 입에서 입으로 전해지다가 지금까지 큰 사랑을 받고 있는 것이지요.

우리는 나쁜 마음을 먹었던 사자가 도리어 당하는 것을 보며 통쾌함을 느끼기도 하고, 때론 위험을 슬기롭게 빠져나가는 토끼의 재치에 깜짝 놀라기도 하고, 자기 꾀에 자기가 빠지는 우스꽝스러운 여우의 모습에 웃음이 나기도 한답니다. 이솝우화는 동물들의 이야기가 아니라 인간들의 모습을 동물에 비유한 것이랍니다. 그래서 우리는 이솝우화를 읽으면서 삶의 지혜와 깨달음을 얻을 수 있는 거예요.

3 가지 많은 나무에 바람 잘 날 없다

자식을 많이 둔 어버이는 걱정이 끊일 날이 없다.

전래동화 **지혜로운 농부의 교훈**

옛날 옛적 어느 마을에 착하고 부지런한 농부가 살고 있었어요.

그는 평생 착실하게 농사를 지어 돈을 아주 많이 모았답니다.

하지만 그에겐 아주 큰 고민거리가 하나 있었으니, 그건 바로 그의
세 아들들이었지요.

"내 엿을 네가 먹은 게냐? 얼른 내놓아!"

"내가 안 먹었어! 형이면 다야?"

"어쭈, 이게 감히 형에게 대들어?"

세 아들은 사이가 몹시 나빠서 하루도 거르지 않고 큰소리를 내며 다

투기 일쑤였어요.

"오늘도 또 싸우는 게냐?"

농부는 한숨을 푹 내쉬었어요.

"가지 많은 나무에 바람 잘 날 없다더니, 내가 꼭 그 꼴이구나."

그러던 어느 날, 농부는 큰 병이 들었어요.

"이제 나는 가망이 없다. 내가 눈감기 전에 너희들의 사이가 좋아진다면 편히 눈을 감을 수 있을 텐데……."

하지만 아들들이 철없이 계속 싸우기만 하자 농부는 모두를 한 자리에 불러 모았어요.

"당장 나가서 나뭇가지를 잔뜩 꺾어 오너라."

"어이쿠! 우리를 회초리로 때리시려나 봐!"

세 아들은 주저주저하며 나뭇가지를 꺾어 왔지요.

"모두들 나뭇가지 하나씩을 잡고 부러뜨려 보아라."

"그거야 너무 쉽지요."

'뚝, 뚝, 뚝!'

세 아들은 쉽게 나뭇가지를 부러뜨렸어요.

"그렇다면 이것도 부러뜨려 보아라."

농부가 내민 것은 나뭇가지를 한데 묶은 나뭇단이었어요. 세 아들은 끙끙거리며 나뭇단을 꺾으려 했지만 도저히 할 수 없었어요.

"아버지. 이것은 아무리 힘을 주어도 꺾이질 않습니다."

"그것 봐라. 너희들도 혼자서는 뚝뚝 부러지는 나뭇가지처럼 아무 힘도 없다. 하지만 이 나뭇단처럼 똘똘 뭉친다면 아무리 어려운 일도 다이겨낼 수 있을 거야."

그제야 세 아들은 아버지의 뜻을 깨달았어요.

"죄송해요. 아버지. 앞으로는 절대로 싸우지 않을게요."

그 이후로 세 아들은 이웃 마을에 소문이 자자할 정도로 우애가 좋아졌고, 농부의 병도 씻은 듯 나았답니다.

잔가지가 많고 잎이 많이 달린 나무는 작은 바람에도 잎들이 여기저기 흔들려 소란스러워요. 마찬가지로 자녀를 많이 둔 부모는 근심과 걱정이 끊일 날이 없겠지요? 이것을 '가지 많은 나무에 바람 잘 날 없다.'라는 속담으로 표현할 수 있어요. 여기서 나무는 부모님을 뜻하고, 나무에서 뻗어 나온 가지와 잎은 자식들을 뜻하지요.

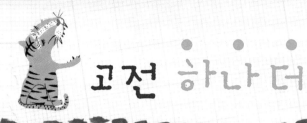

 탈무드 **농부와 아들들**

게으른 세 아들을 둔 농부가 있었어요.

"가지 많은 나무에 바람 잘 날 없다더니, 내가 없으면 저 게으른 아들들은 모조리 굶어죽고 말 테지."

고민하던 농부는 죽기 전 세 아들에게 유언을 남겼어요.

"너희들에게 남겨 줄 보물을 포도밭 아래에 묻어 두었다. 내가 죽거든 포도밭을 파 보아라."

농부가 죽자 아들들은 유언대로 땅을 파 보았어요.

하지만 구석구석 아무리 파 보아도 보물은 나오지 않았어요.

"아버지가 우리에게 거짓말을 하신 게 분명해."

"우리가 게으르다고 골탕을 먹인 모양이야!"

세 아들은 몹시 실망했어요.

하지만 그 해 가을이 되었을 때, 세 아들의 눈은 휘둥그레지고 말았어요.

보물을 찾느라 땅을 온통 갈아엎은 덕에 그 어느 해보다 풍년이 들어 포도가 주렁주렁 큰 열매를 맺었거든요.

"아버지가 남겨주신 보물이 바로 이것이었구나!"

큰 깨달음을 얻은 세 아들은 그 후 부지런히 농사를 지어 큰 부자가 되었답니다.

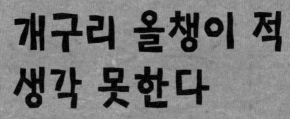

4 개구리 올챙이 적 생각 못한다

지난날 형편이 어려웠던 사람이 지위가
높아지면 어려웠을 때의 일을 잊기 쉽다.

전설 **견우와 직녀**

하늘나라 임금님에게 직녀라는 딸이 있었어요.

'베를 잘 짠다.'는 뜻의 직녀라는 이름답게 그녀가 짠 비단은 눈부시게 아름답고 고왔어요.

그러던 어느 날, 베를 짜다 말고 산책을 나온 직녀는 하늘나라에서 소를 모는 목동 견우를 만나 서로 한눈에 반했어요.

견우는 '소를 모는 사람'이라는 뜻이지요.

"아바마마. 견우님과 결혼하게 해주세요."

"임금님. 직녀 공주님과 결혼을 허락해 주시옵소서."

두 사람은 애절하게 간청했어요. 두 사람의 사랑이 간절하자 임금님은 마지못해 물었지요.

"결혼을 하고도 지금처럼 베를 열심히 짜고, 소도 열심히 몰겠느냐?"

"물론이에요."

"당연한 말씀입니다."

두사람의 호언장담에 결국 둘은 어렵게 임금님의 허락을 받을 수 있었답니다.

그러나 꿈에 그리던 혼인을 하게 된 두 사람은 한시도 떨어져 있고 싶지 않았어요.

꽃구경을 하고, 밤새 이야기를 나누며 두 사람은 매일같이 함께 시간을 보냈어요.

그러다보니 직녀는 베 짜는 일에 소홀해졌고, 견우도 더 이상 소를 몰지 않았어요.

직녀가 일을 하지 않자 하늘나라에는 옷감이 부족하게 되었고 견우가 돌보던 소들은 하나 둘 죽어갔어요.

"개구리 올챙이 적 생각 못한다더니, 왜 혼인 전의 약속은 까맣게 잊고 노는 데만 정신을 파는 것이냐?"

임금님이 혼을 내도 두 사람은 반성하지 않고 점점 더 게을러지기만 했답니다.

결국 화가 난 임금님은 두 사람에게 명령을 내렸어요.

"오늘부터 너희는 서로 멀리 떨어져 살거라. 견우는 동쪽 나라로,

직녀는 서쪽 나라로 가서 평생을 살아야 할 것이다. 다만 일 년에 딱 하루, 7월 7일에만 서로 만날 수 있다."

"흑흑, 저희가 잘못했습니다."

"아바마마, 용서해 주세요."

아무리 빌고 또 빌어도 임금님의 화를 풀 수는 없었어요.

결국 헤어지고 만 두 사람은 매일 서로를 그리며 눈물로 밤을 지새웠답니다.

"직녀. 참으로 보고 싶소."

"견우님. 그립습니다."

드디어 기다리던 7월 7일이 되어, 견우와 직녀는 한달음에 서로에게 달려갔어요. 그런데 이게 어찌된 일일까요?

넓은 은하수가 두 사람 사이를 가로막고 있는 것이었어요. 둘은 은하수를 사이에 두고 서로를 보며 눈물만 흘렸어요.

두 사람이 하늘에서 흘린 눈물 때문에 지상에서는 큰 홍수가 나서 집과 논이 물에 잠기고, 가축들도 비에 떠내려갔어요.

결국 보다 못한 까마귀와 까치가 모여서 회의를 했지요.

"우리가 다리를 놓아 불쌍한 견우님과 직녀님을 만나게 해 드리자."

"그것 참 좋은 생각이다!"

까마귀와 까치는 7월 7일, 칠석날이 돌아오자 은하수로 모여 다리를 만들었어요.

"견우와 직녀님. 저희들을 밟고 건너세요."

둘은 까마귀와 까치가 만들어 준 다리를 건너 서로 만날 수 있었답니다.

이후로 칠석날에는 홍수가 나지 않게 되었지만, 서로가 헤어짐을 아쉬워하며 흘리는 눈물로 꼭 이슬비가 내리곤 한답니다.

견우와 직녀는 막상 결혼을 하게 되자 예전의 약속은 까맣게 잊고 게을러졌어요. 이처럼 가난한 사람이 부자가 되거나, 아래에 있던 사람이 높은 사람이 되어 옛날을 생각하지 못하는 것을 '개구리 올챙이 적 생각 못한다.'는 속담으로 표현해요. 올챙이로 살다가 네 발 달린 개구리가 되자 못생긴 올챙이들을 비웃는다는 뜻이지요.

- 〈며느리 늙어 시어미 된다.〉로 바꿔 쓸 수 있어요. 시집살이를 한 며느리가 자신의 며느리에게 똑같이 시집살이를 시킨다는 뜻이지요.
- 〈거지가 밥술이나 뜨게 되면 거지 밥술 안 준다.〉도 같은 뜻의 속담이에요.

고생 끝에 낙이 온다

5

어려운 일이나 괴로운 일을 겪고 나면
즐겁고 좋은 일도 있다.

전래동화 **콩쥐 팥쥐 이야기**

옛날 아주 먼 옛날, 마음씨 착한 콩쥐가 새어머니와 살고 있었어요.

새어머니에겐 팥쥐라는 딸이 있었는데 둘은 심술이 가득해서 매일 콩쥐를 구박하고 못살게 굴었답니다.

그러던 어느 날 이웃 마을에 큰 잔치가 열렸어요.

"어머니, 저도 잔치에 가고 싶어요."

콩쥐는 개미 기어가는 듯한 목소리로 새어머니에게 말했어요.

"물론이지, 콩쥐 너도 잔치에 오려무나."

"그게 정말이세요, 어머니?"

"대신 저기 저 큰 항아리에 물을 가득 채워 놓고, 멍석에 말려 놓은 벼도 다 찧어 놓고, 베도 짜 놓고 와야 한다. 알았니?"

그러고 나서 새어머니는 팥쥐만 데리고 잔치에 갔답니다.

"얼른 일을 마치면 나도 잔치 구경을 조금은 할 수 있을 거야. 어서 하자."

하지만 항아리에 물을 아무리 붓고 또 부어도 채워지질 않았어요. 항아리 바닥이 깨져서 구멍이 나 있었던 거예요.

"엉엉. 이를 어쩌지?"

콩쥐는 속이 상해서 그만 주저앉아 울고 말았어요.

그때 어디선가 두꺼비 한 마리가 나타났어요.

"콩쥐 아가씨, 울지 마세요. 제가 항아리에 뚫린 구멍을 막아 줄게요."

"그게 정말이니? 고마워, 두꺼비야."

콩쥐는 두꺼비 덕분에 항아리에 물을 가득 채울 수 있었어요.

이번엔 벼를 찧어야 했어요. 그런데 어디선가 황소 한 마리가 나타나 멍석 위를 왔다 갔다 하면서 벼를 다 찧어 주었답니다. 다 찧어진 쌀은 어디선가 포르르 날아온 참새들이 항아리로 옮겨 주었어요.

이제는 베를 짤 일이 걱정이었어요.

그때 하늘에서 날개옷을 입은 선녀님이 나풀나풀 내려오더니 베틀에 앉아 베 한 필을 금세 다 짜 주었지요. 그리고 비단옷과 비단신 한 켤레를 주며 어서 잔치에 가 보라고 하는 게 아니겠어요?

콩쥐는 옷을 갈아입고 얼른 잔칫집으로 향했어요.

"에구머니나!"

그런데 서둘러 징검다리를 건너다가 그만 비단신 한 짝을 떨어트리고 말았어요.

콩쥐는 너무 아까웠지만 시간이 없어서 그냥 잔칫집으로 갔어요.

다음 날, 비단신 한 짝을 고이 든 포졸들이 마을의 모든 집을 방문했어요. 비단신의 주인을 찾기 위해서였지요.

원님이 어제 징검다리에서 비단신을 떨어트리는 여인을 보곤 한눈에 반한 것이었어요.

팥쥐는 낑낑대며 비단신을 신으려 애썼지만 발가락이 겨우 들어갈 뿐이었답니다. 팥쥐에 이어서 콩쥐도 신발을 신어 보았어요.

"꼭 맞네, 꼭 맞아! 드디어 신발의 주인을 찾았어!"

고생 끝에 낙이 온다고, 그렇게 해서 콩쥐는 원님과 결혼해서 행복하게 살았답니다.

콩쥐는 비록 못된 새어머니 때문에 고생을 했지만, '고생 끝에 낙이 온다.'고, 착한 친구들의 도움으로 행복하게 살게 되었어요. 여기서 '낙'은 한자로 즐길 낙(樂)이에요. 지금 처한 상황이 아무리 힘이 들고 고생스럽더라도 꿋꿋이 참고 견디면 반드시 즐겁고 행복한 날이 온다는 말이지요.

☺ 〈쥐구멍에도 볕들 날이 있다.〉도 같은 뜻이에요. ★교과서 수록

고전 깊이 읽기

이 서방의 입에서 김 서방의 입으로 전해지는 전래동화

'옛날 아주 먼 옛날'로 시작되는 이야기는 언제나 흥미롭고 재미나요.

할머니나 엄마의 무릎을 베고 누워 듣는 이야기는 참으로 꿀맛이지요.

더군다나 착한 사람이 복을 받고 나쁜 사람은 벌을 받는 이야기의 결말은 또 얼마나 통쾌하고 후련한가요?

이렇게 '옛날 아주 먼 옛날'부터 전해 내려오는 이야기를 전래동화라고 한답니다.

옛날엔 일부를 제외하고는 모두 농사를 짓느라 글공부할 시간도, 책을 읽을 시간도 없었어요. 그래서 재미난 이야기는 서로의 입에서 입으로 전달되었지요.

김 서방이 재미난 이야기를 듣고 옆집 이 서방에게 전해주면 이 서방은 또 부인에게 그 이야기를 들려주고, 부인은 또 옆 동네 할머니에게 전달해 주는 식이었어요.

그러니 이야기를 옮기는 사람마다 약간씩 살을 덧붙이고 마음에 안 드는 부분은 줄이거나 없애버리기도 하였지요. 이렇게 계속해서 이야기들이 전해졌어요.

그래서 같은 콩쥐 팥쥐 이야기라도 지역마다, 시대마다 조금씩 다른 모습을 보이기도 해요. 이것이 전래동화의 특징이지요.

하지만 이야기에 담겨 있는 재미와 교훈은 변함없이 이어져 와서 오늘날까지도 많은 사랑을 받고 있답니다.

6 고양이가 쥐 생각해 준다

속으로는 해칠 생각을 하면서 겉으로는 친한 체한다.

전래동화 **솥에 든 돈**

옛날 어느 마을에 가난한 선비 부부가 살고 있었어요.

선비는 과거 급제를 위해 매일같이 글만 읽었어요. 아내가 바느질을 해서 입에 겨우 풀칠이나 하며 살았지요. 부부는 밥을 먹는 날보다 먹지 못하는 날이 더 많았답니다.

그러던 어느 날, 이 찢어지게 가난한 집에 도둑이 들었지 뭐예요?

도둑은 살금살금 부엌으로 들어가 뭐 훔쳐갈 만한 게 있나 살폈어요.

찬장도 열어 보고, 쌀독도 열어 보고, 솥단지, 아궁이 밑까지 샅샅이 뒤졌지만 뭐 나올 게 있나요?

"이렇게 쌀 한 톨 없는 집은 처음 보네그려. 쯧쯧. 글만 읽느라 배는 쫄쫄 곯고 사는구먼."

도둑은 처음엔 어이가 없다가 정말로 아무것도 나오질 않자 오히려 선비 부부가 불쌍해졌어요.

"아무리 가난해도 이렇게까지 가난할 줄이야. 쯧쯧. 오늘 훔친 돈이라도 두고 가자."

도둑은 엽전 몇 개를 솥단지에 넣었어요.

"훔친 적은 있어도 두고 간 적은 처음이네그려. 이거야말로 고양이가 쥐 생각해 주는 격이로군."

다음 날 아침, 솥뚜껑을 열어본 아내는 깜짝 놀라고 말았어요.

어제까지 아무것도 없던 솥단지 안에 반짝이는 엽전 몇 개가 들어 있었으니까요.

"여보! 여보! 여기 와서 이것 좀 보세요. 신령님이 우리 부부를 불쌍히 여겨 이렇게 돈을 넣어 놓고 가셨나 봐요. 당장 쌀과 찬거리를 살 수 있겠어요!"

아내는 신이 나서 말했지요. 하지만 선비의 표정이 차갑게 변했어요.

"이건 우리 돈이 아니오. 분명 누군가 실수로 놓고 간 게 분명해."

"아니……, 그래도……."

"어허! 남의 돈에 욕심을 내다니 지금 제정신이오? 주인을 찾아 주도록 합시다."

그날 밤, 도둑은 자신이 준 엽전으로 부부가 배불리 먹고 행복해 하는 모습을 보기 위해 다시 선비네 집으로 갔어요. 흐뭇한 마음으로 방 안을 엿보려던 도둑의 눈에 선비가 붙여 놓은 종이가 보였지요.

어제 저희 집에서 돈을 잃어버리신 분은 찾아가십시오.

보자마자 도둑은 황당해서 입이 떡 벌어졌지요. 그건 잃어버린 게 아니라 자신이 일부러 넣어 둔 거였으니까요.

그때 부부가 방 안에서 하는 이야기 소리가 들렸어요.

"벼 이삭을 주워 와서 죽을 끓이다니? 아무리 떨어진 벼 이삭 몇 알이라 해도 그것은 남의 논에서 주워 온 것이니 도둑질이오! 어서 돌려주고 오시오!"

도둑은 그 호통이 마치 자기에게 하는 말 같았어요.

남의 것을 훔치며 죄책감조차 느끼지 않았던 자신이 부끄러워졌거든요. 도둑은 그만 무릎을 꿇고 눈물을 흘리고 말았답니다.

뒤늦게 울음소리를 듣고 나와 본 선비와 아내는 깜짝 놀랐어요. 그리곤 도둑의 어깨를 토닥거려 주었어요.

"지금부터라도 반성하고 열심히 살면 되는 것이오."

게다가 선비는 도둑을 자신의 집에서 지내게 해 주었고 공부까지 가르쳐 주었답니다.

몇 년 뒤, 선비는 과거에 급제해서 높은 벼슬에 올랐고 도둑도 훗날 벼슬길에 올랐다고 해요.

고양이가 쥐를 잡아먹으면서 쥐가 아파할까 봐 걱정해 준다고 생각해 보세요. 코웃음이 나오는 말도 안 되는 상황이지요? 이 이야기에 등장하는 도둑도 도둑질을 하러 들어와서는 오히려 선비 부부를 걱정해 주고 있어요. 이렇듯 속으로는 해칠 생각을 했으면서도 가당찮게 상대를 생각해 주는 척 하는 것을 '고양이가 쥐 생각해 준다' 는 속담으로 표현해요.

🌀 〈고양이 쥐 사정 보듯.〉으로 바꿔 쓸 수 있어요.

7 고양이 목에 방울 달기

썩 그럴 듯한 일이지만 막상 하기는 힘든 경우.

전래동화 토끼의 간

깊은 바다 속, 으리으리한 용궁을 다스리는 용왕님이 그만 큰 병에 걸리고 말았어요.

바다 세상에서 좋다는 약이란 약은 모두 구해서 드렸지만 용왕님은 쉽게 자리에서 일어나지 못했지요.

"메기 의원, 더 이상은 약이 없는 것이오?"

"방법이 하나 있긴 합니다만……."

"아니 대체 그 방법이란 게 무엇이오?"

"그건……."

"아, 거참 뜸들이지 말고 좀 말해 보시오!"

의원은 헛기침을 몇 번 하더니 말하였어요.

"용왕님의 병을 낫게 할 약은 이 바다에는 없습니다. 다만, 바다 밖 육지에 사는 토끼의 간을 먹으면 씻은 듯이 나으실 것입니다."

그날부터 용궁은 시끄러워졌어요.

대체 누가 육지로 나가서 토끼의 간을 구해 올지 토론이 벌어졌기 때문이지요.

"이건 고양이 목에 방울 달기 아니오? 우리 바다 생물들은 육지로 나가면 곧 죽고 말아요. 그런데 어떻게 토끼의 간을 구해 올 수 있단 말이오?"

"그러게 말이오. 이건 불가능한 일이오."

그때 가장 구석에서 이야기를 듣고 있던 자라가 말했어요.

"제가 다녀 오겠습니다. 저는 육지에서도 숨을 쉴 수 있으니까요."

그렇게 자라는 토끼의 간을 구해 오기 위해 육지로 나왔어요.

드디어 토끼를 만난 자라는 온갖 달콤한 말로 토끼를 꼬여 냈지요.

"정말 용궁에 가면 온갖 보석들과 귀한 음식들이 있단 말이지? 그리고 엄청나게 높은 벼슬도 할 수 있단 말이지?"

"그렇습니다. 우리는 토끼님의 지혜가 필요합니다."

자라의 말에 귀가 번쩍 뜨인 토끼는 당장 자라를 따라 용궁으로 갔어요. 그런데 용궁에 들어서자마자 토끼의 팔과 다리는 밧줄에 꽁꽁 묶이고 말았지요.

자신이 함정에 빠졌다는 사실을 깨달은 토끼는 꾀를 냈어요.

'호랑이 굴에 들어가도 정신만 차리면 된다고 했어. 옳지! 그런 방법이 있군.'

토끼는 안타까운 표정으로 말하였어요.

"저는 신기한 동물로, 평소 간을 빼놔서 햇볕에 말리고 한 달에 하루만 몸에 지닙니다. 다시 돌아가 얼른 간을 가지고 오겠습니다."

그래서 어떻게 됐느냐고요?

자라의 등에 업혀 육지로 나온 토끼는 깡충깡충 뛰어서 도망을 쳐버렸답니다. 다시는 지나친 욕심을 부리지 말자고 다짐하면서요.

고양이가 무서워 벌벌 떨던 쥐들이 회의를 열었어요. 그러고는 고양이 목에 방울을 달자는 결론을 내렸죠. 방울 소리가 들리면 바로 몸을 피할 수 있을 테니 참 좋은 생각 같지요? 하지만 누가 고양이 목에 방울을 다느냐는 문제가 있었어요. 이처럼 좋은 생각이긴 하지만 실제로 하기 어려운 경우를 '고양이 목에 방울 달기'라는 속담으로 표현한답니다.

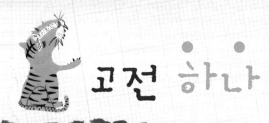

고전 하나더

전래동화 **고양이 목에 방울 달기**

온 마을의 쥐들이 사나운 고양이 한 마리 때문에 벌벌 떨었어요.

쥐들은 마음 편히 쥐구멍에서 나오지도 못했답니다. 참다못한 쥐들은 대책 회의를 열기로 했어요.

"벌써 피해를 입은 친구들만 여럿입니다."

"우리가 왜 못된 고양이 때문에 이렇게 숨어서 살아야 합니까?"

쥐들은 그동안 쌓인 불만을 터뜨렸어요.

"자자, 앞으로 어떻게 해야 할지 의논해 봅시다."

하지만 뾰족한 방법이 나오지는 않았어요.

그때 가장 젊은 쥐가 말했어요.

"고양이 목에 방울을 다는 것이 어떻겠습니까? 고양이 목에 방울을 달면 소리만으로도 고양이가 가까이 오는 것을 알아챌 수 있어 쉽게 피할 수 있을 겁니다."

"그것 참 좋은 생각이로군!"

젊은 쥐의 말에 모든 쥐들이 환호성을 질렀어요.

모두들 젊은 쥐를 칭찬할 때, 가장 구석에서 잠자코 듣고만 있던 늙은 쥐가 말하였어요.

"그런데 누가 고양이 목에 방울 달기를 할 수 있단 말이오? 젊은 쥐 당신이 그 일을 하겠소?"

그러자 젊은 쥐뿐만 아니라 모든 쥐들이 아무 말도 하지 못하였답니다.

공든 탑이 무너지랴

8

힘과 정성을 다하여 한 일은 헛되지 않아
반드시 좋은 결과를 얻는다.

신화 **단군 신화**

아주 먼 옛날, 하느님의 아들인 환웅이 바람의 신, 비의 신, 구름의 신을 데리고 사람이 사는 땅으로 내려왔어요.

환웅은 살아가는 데 필요한 360가지 일들을 사람들에게 하나하나 가르쳐 주었답니다. 그때까지도 사람들은 강가나 바닷가에 모여 나무 열매를 따먹거나 사냥을 하면서 살았거든요.

그러던 어느 날, 곰과 호랑이가 환웅을 찾아왔어요.

"환웅님. 저희들도 사람이 되고 싶습니다."

"제발 사람이 되게 도와주세요."

환웅은 잠시 고민을 한 뒤 말하였어요.

"좋다. 하지만 쉽지 않을 텐데 견딜 수 있겠느냐?"

"물론입니다."

"여기 쑥 한 줌과 마늘 스무 쪽을 줄 테니 이것을 먹으며 동굴 속에서 백 일을 지내거라. 그러면 너희가 바라는 대로 사람이 될 것이니라."

곰과 호랑이는 몹시도 기뻤어요.

그러고는 당장 동굴로 들어가 사람이 되길 기도하며 쑥과 마늘을 먹기 시작했어요.

"웩! 마늘은 너무 맵고 쑥은 너무 쓰다!"

"하지만 사람이 될 수 있다면 이 정도는 참을 수 있어."

하루가 지나고 이틀이 지났어요.

호랑이는 점점 지겨워지기 시작했어요.

"햇빛을 좀 보고 싶어. 게다가 마늘과 쑥은 맛이 없어서 도통 먹을 수가 없다고! 퉤퉤!"

"공든 탑이 무너지겠어? 조금만 참고 견디어 보자."

"에잇. 너나 계속해. 나는 그만 할래."

"가지 마, 호랑아!"

호랑이는 결국 포기하고 동굴 밖으로 뛰쳐나가고 말았어요.

곰은 홀로 동굴 속에서 쑥과 마늘을 먹으며 참고 견뎠어요.

21일이 지난 어느 날, 곰은 자신의 손을 내려다보고 깜짝 놀랐어요. 털이 숭숭 난 곰 손이 아니라 하얗고 가느다란 어여쁜 손이었거든요!

"사람의 손이다! 내가 예쁜 여자로 변했어!"

여인이 된 곰은 웅녀라고 불렸어요.

웅녀는 결혼을 하여 아기를 갖고 싶었지만 아무도 그녀와 결혼해 주지 않았지요. 웅녀의 마음을 안 환웅은 웅녀를 아내로 맞이했어요.

얼마 뒤 웅녀는 꿈에 그리던 아기를 갖게 되었고, 열 달 뒤 잘생긴 사내아이를 낳았어요.

훗날, 웅녀가 낳은 단군 왕검은 우리 겨레 최초의 나라인 고조선을 세웠답니다.

공들여 쌓은 탑은 대충 쌓은 탑과 달리 튼튼해서 절대로 무너지지 않아요. 이처럼 정성을 깃들여서 일을 하면 반드시 좋은 결과를 얻을 수 있다는 것을 '공든 탑이 무너지랴.'라는 속담으로 표현한답니다.

신화란 무엇일까?

　그리스 로마 신화는 사람이 아닌 신들이 이 세상을 다스리던 때의 이야기예요. 단군 신화, 주몽 신화는 각각 고조선과 고구려를 세운 영웅의 이야기지요. 이처럼 일반적으로 신화는 이 세상에서 처음으로 일어났던 일, 우주나 인간, 동식물이 어떻게 태어났는가, 혹은 민족의 시작에 관련된 이야기로 볼 수 있어요. 하지만 신화에는 여러 종류와 갈래가 있고 그 구조와 성격도 복잡하여 간단히 정의를 내리기는 어렵답니다.

우리나라의 대표적인 건국 신화

◉ 단군 신화

　하늘의 왕인 환인의 아들 환웅과, 마늘과 쑥을 먹고 곰에서 인간으로 변한 웅녀 사이의 아들 단군 왕검이 아사달에 도읍을 정하고 최초의 국가인 고조선을 세웠다는 건국 신화예요.

◉ 주몽 신화

　천제 해모수와 하백의 딸 유화 사이에서 태어난 주몽이 고구려를 세웠다는 건국 신화예요.

◉ 혁거세 신화

　알에서 태어나 천년의 역사를 이룬 신라를 세운 박혁거세의 건국 신화예요.

◉ 김수로왕 신화

　금관가야의 시조이자 김해 김씨의 시조인 수로왕에 대한 건국 신화예요. 하늘에서 내려온 상자에 들어있던 여섯 개의 황금 알이 깨어나 여섯 가야국의 왕이 되었는데, 그중 가장 먼저 나와 '수로'라 이름 붙여진 김수로왕이 금관가야를 세웠다고 해요.

9 구슬이 서 말이라도 꿰어야 보배다

아무리 훌륭하고 좋은 것이라도 다듬고 정리하여
쓸모 있게 만들어 놓아야 값어치가 있다.

탈무드 요술 사과

공주가 큰 병에 걸렸어요.

왕은 세상의 이름난 의사란 의사는 다 불러들였지만 모두 고개를 절
레절레 흔들며 궁전을 떠났답니다. 왕은 발만 동동 구르다 곳곳에 방을
붙이기로 했어요.

공주의 병을 고치는 사람은 나의 사위로 삼고

이 나라와 왕의 자리를 물려주리라!

한편, 외딴 시골에 보물 하나씩을 가진 삼형제가 살고 있었어요.

첫째는 아무리 먼 곳이라도 다 내다볼 수 있는 요술 망원경을, 둘째는 어디든 눈 깜짝할 사이에 갈 수 있는 요술 양탄자를, 셋째는 그 어떤 병이라도 다 고칠 수 있는 요술 사과를 가지고 있었지요.

"구슬이 서 말이라도 꿰어야 보배라고 했거늘, 우리가 아무리 좋은 보물을 가지고 있다 한들 쓸모가 없으니 다 무슨 소용이겠어?"

"아닙니다, 형님들. 이 보물들이 필요한 날이 꼭 있을 거예요."

그러던 어느 날, 첫째가 뛰어 들어오며 말했어요.

"내 요술 망원경으로 궁전 앞에 붙여진 방을 보았는데 공주님이 큰 병에 걸리셨대. 공주님의 병을 낫게 하는 사람은 공주님과 결혼할 수 있다는군!"

"드디어 기회를 만났군! 내 양탄자를 타고 당장 궁전으로 가자고!"

삼형제는 눈 깜짝할 사이에 궁전에 도착했어요.

"자네들이 정말 공주의 병을 고칠 수 있단 말인가?"

"그렇습니다. 이 요술 사과로 공주님의 병을 고쳐 보겠습니다."

막내의 사과를 먹은 공주는 놀랍게도 금세 병이 나았지요.

"기적이로다! 기적이야!"

왕도 기쁨을 감추지 못했고, 온 백성들은 거리로 나와 기뻐했어요.

하지만 신하들은 큰 고민에 빠졌어요.

"대체 누구를 사위로 삼고, 왕의 자리를 물려준단 말인가?"

오랜 고민 끝에 왕은 드디어 결정을 내렸어요.

"막내를 사위로 삼겠노라."

"아니, 그 이유가 무엇입니까?"

"첫째의 망원경과 둘째의 양탄자는 아직 그대로 남아 있다. 하지만 막내의 사과만은 공주의 병을 낫게 하는 데 모두 쓰였지. 그러니 막내만이 공주를 위해 자기가 가지고 있던 모든 것을 내준 셈이 아닌가?"

그러자 모두들 고개를 끄덕였답니다.

막내는 공주와 결혼을 해서 나라를 물려받았고, 첫째와 둘째도 궁궐에서 평생을 행복하게 살았답니다.

'말'은 곡식의 양을 표시하는 단위로 약 18리터 정도예요. 구슬이 서 말이면 어마어마한 양이겠지요? 하지만 이렇게 구슬이 많아도 실에 꿰어서 목걸이나 팔찌로 만들어 놓지 않으면 아무 쓸모가 없답니다. 이렇듯 아무리 좋은 조건을 가진 일이라도 힘을 들여 이용하지 않으면 아무 값어치가 없다는 것을 '구슬이 서 말이라도 꿰어야 보배다.' 라는 속담으로 표현해요.

● 〈부뚜막의 소금도 집어 넣어야 짜다〉와 같은 뜻이에요. 아무리 가까이 있는 소금도 넣지 않으면 음식이 짠맛이 날 리 없다는 뜻이지요.

지혜의 바다라 불리는 탈무드

탈무드는 기원전 500년에서 기원후 500년까지 유태인들의 입에서 입으로 전해지던 이야기들을 10년이라는 시간 동안 2000명의 학자들이 책으로 엮은 것이에요. 10년이라는 긴 시간이 필요할 정도로, 탈무드는 그 내용이 무척이나 많아서 권 수로는 20권, 페이지 수로는 1만 2000페이지에 달한답니다.

탈무드는 내용도 많고 담겨 있는 의미도 깊어서 아무리 똑똑한 사람이라도 완벽하게 이해하기 힘들다고 해요. 철학, 종교, 문학, 속담, 의학, 천문학, 심리학 등 모든 분야의 지혜가 담겨 있기 때문이지요. 그래서 유태인들은 '그 속에 무엇이 있는지 다 알 수조차 없다'는 의미로 탈무드를 '지혜의 바다'라고 부릅니다.

탈무드를 만들어 낸 유태인들의 지혜

유태인의 인구는 1600만 정도로 전 세계 인구의 0.2%에 불과합니다. 하지만 역대 노벨상 수상자들 중에서 30% 이상이 유태인일 정도로 유태인은 머리가 좋기로 이름나 있어요. 발명의 왕 에디슨, 지구가 돈다는 지동설을 주장한 갈릴레이, 마이크로소프트사를 세운 빌 게이츠도 유태인이랍니다.

유태인은 고대 이집트와 로마에 의해 나라를 잃은 뒤 세계 각지로 흩어져 살아야 했고 세계 제2차 대전 때에는 히틀러와 나치에 의해 600만 명이 억울한 죽음을 당하기도 했어요. 그럼에도 불구하고 유태인들은 결코 쓰러지지 않았어요. 탈무드 속 가르침이 자리잡고 있었기 때문에 강한 정신력과 자부심으로 다시 자신들의 땅으로 돌아갔지요.

10 그림의 떡이다

보기는 하여도 먹을 수도 없고 가질 수도 없어
실제 아무 소용이 없는 경우.

탈무드 **천장 위의 과일 바구니**

두 친구가 여행을 하고 있었어요.

오랜 여행으로 둘은 몹시 지쳤고, 배도 고팠지요.

"어? 저기 오두막 한 채가 있군."

"어서 가 보세."

하지만 오두막 안에는 아무도 없었답니다.

"에이. 먹을 것을 얻긴 다 틀렸군."

"어? 저게 뭐지?"

한 남자가 천장을 가리켰어요.

천장에는 과일이 가득 담긴 바구니가 달려 있
었지요.

"참으로 먹음직스러운 과일이로군."

"하나만이라도 맛봤으면 소원이 없겠어."

"하지만 저렇게 높은 곳에 있으니 어떻게 먹을 수
있겠어? 완전히 그림의 떡이로구먼."

"그러게 말일세."

두 사람은 입맛만 다실 뿐이었어요.

"저건 우리 같은 배고픈 나그네들을 놀리려고 누군가
매달아 놓은 게 분명해."

"아니야. 꺼낼 수 있는 방법이 있을 거야."

"됐네. 난 다른 먹을 것을 찾아 먼저 떠나겠
네."

혼자 남은 남자는 곰곰이 생각했
어요.

"천장에 바구니를 어떻게
매달았을까? 누군가 매달았
으니 분명히 꺼낼 수 있는
방법도 있을 거야."

남자는 오두막 곳곳을 살피기 시작했어요.

그러던 남자의 눈에 사다리가 보였지요.

"옳지! 사다리를 타고 올라가 과일 바구니를 매달았군!"

남자는 사다리를 이용해 천장에 있는 바구니를 꺼낼 수 있었어요. 그리고 향긋하고 맛있는 과일을 배부르게 먹었답니다.

텔레비전 속에 나오는 맛있는 음식이나 아무리 진짜처럼 먹음직스럽게 그려 놓은 떡이라 해도 내가 당장 집어 먹을 수는 없지요? 이렇듯 볼 수는 있어도 먹을 수도 없고 가질 수도 없어 아무 소용이 없는 경우를 '그림의 떡'으로 표현한답니다.

● 비슷한 사자성어에는 '화중지병(畵中之餅)'이 있어요.

고전 하나 더

이솝우화 **여우와 신 포도**

여우는 배가 몹시 고팠어요. 어제 저녁부터 아무것도 먹질 못했거든요.

마침 멀리 포도밭이 보이자 여우는 마지막 힘을 짜내어 달려갔어요.

"이야, 정말로 맛있겠다. 한 송이만 먹어도 배부르겠는걸."

여우는 포도 넝쿨 위에 매달려 있는 포도를 향해 손을 높이 뻗었어요.

'영차영차'

하지만 아무리 손을 뻗어도 포도는 도무지 잡히질 않았어요.

'펄쩍!'

마지막으로 힘을 모아 뛰어보았지만 헛수고였지요.

완전히 지친 여우는 그만 포기하기로 했어요.

"저 포도는 그림의 떡이로구먼.
분명히 너무 시어서 먹지도 못할
거야!"

이렇게 스스로를 위안한 뒤,
여우는 다른 먹을거리를 찾아서
포도밭을 떠났답니다.

꼬리가 길면 밟힌다

11

나쁜 일을 아무리 남몰래 한다고 해도 오래 두고
여러 번 계속하면 결국에는 들키고 만다.

전래동화 **방귀쟁이 새색시**

옛날 어느 마을에 무척이나 아름답고 마음씨 고운 처자가 살고 있었
어요.

이 처자는 시집갈 때가 되자 고민 때문에 잠을 이루지 못했지요.

고민은 다름 아닌 방귀 때문이었어요. 사실 이 처자는 하루에도 몇 번
이고 시원하게 방귀를 뀌는 버릇이 있었거든요.

드디어 처자가 혼인을 하여 시댁에서 살게 되었어요.

처자는 방귀쟁이란 사실을 숨기려고 무척이나 노력했답니다.

혼자 뒷산에 가서 몰래 방귀를 뀌거나, 소리를 안 내려고 노력하면서

조금씩 뀌곤 했지요. 하지만 방귀 한 번 시원하게 뀌지 못하니 시간이 지날수록 속병이 났어요.

꼬리가 길면 밟힌다고, 가족들도 처자를 점점 의심하기 시작했어요.

"왜 며느리의 얼굴이 누렇게 뜨고 야위어 가는 걸까?"

"왜 홀로 뒷산에 가서 오래도록 돌아오지 않는 걸까?"

하루는 시아버지가 며느리를 붙잡고 물어보았지요.

"아가, 어디 몸이 아픈 게냐?"

"그게 아니라……."

며느리의 얼굴이 빨개졌어요.

"부끄럽지만 시집 온 뒤로 방귀를 시원하게 뀌어 보지 못해서 그렇습니다."

"아니 방귀를? 하하하. 난 또 뭐라고. 걱정하지 말고 마음 놓고 방귀를 뀌거라."

"그게 정말이세요? 그럼 아버님, 문고리를 꼭 잡고 계세요."

'뿌아앙 뿡뿡!'

몇 달을 참았던 방귀 소리는 천둥 같았어요. 문고리를 잡고 있던 시아버지는 문짝과 함께 멀리 날아가 버렸답니다.

며칠 뒤에 겨우 집을 찾아 돌아온 시아버지는 당장 며느리를 집에서 내쫓아 버렸어요. 쫓겨난 며느리는 울면서 친정으로 가다가 배나무 밑에 모여 있는 비단장수들을 만났답니다.

"저 배 하나 맛보게 해 준다면 이 비단과 당나귀를 줄 텐데……."

"그러게 말이야."

며느리는 그 소리를 듣고 자신이 배를 따 주겠다고 말했어요.

그러고는 엉덩이를 배나무로 향하고, 있는 힘껏 방귀를 뀌었지요.

'뿌아앙 뿡!'

방귀 소리에 배나무가 흔들리며 배가 비 오듯 땅으로 떨어졌어요.

며느리는 약속대로 비단과 당나귀를 받았답니다. 미안한 마음에 며느리를 몰래 지켜보고 있던 시아버지는 웃으며 말하였어요.

"방귀가 이런 재주로 쓰일 데가 있구나. 내가 잘못했다. 다시 집으로 돌아가 행복하게 살자꾸나."

그렇게 해서 며느리는 다시 집으로 돌아와 행복하게 살았다고 해요.

생쥐 한 마리가 고양이에게 쫓기고 있었어요. 얼른 구석으로 몸을 피했지만 결국 고양이에게 들키고 말았지요. 꼬리가 너무 길어서 고양이 눈에 쉽게 띄었기 때문이에요. 방귀쟁이 새색시도 처음엔 몰래 몰래 방귀를 뀌는 것이 가능했지만, 그것이 계속되자 결국 시아버지의 의심을 샀어요. 이렇듯 흔적을 많이 남겨 놓으면 결국에 들킬 수밖에 없다는 것을 '꼬리가 길면 밟힌다.'는 속담으로 표현한답니다.

〈고삐가 길면 밟힌다.〉로 바꿔 쓸 수 있어요.

꿩 대신 닭이다

자기가 쓰려는 것이 없을 때, 그와 비슷한 것으로
대신 쓸 수도 있다는 말.

전설 **연오랑과 세오녀**

신라의 동해 바닷가에 연오랑과 세오녀라는 이름을 가진 부부가 살고
있었어요.

둘은 사이가 몹시 좋아서 이웃의 부러움을 샀답니다.

어느 날 연오랑이 바다에 나가 미역을 따고 있을 때였어요. 갑자기 연
오랑이 디디고 있던 바위가 움직이기 시작하는 거예요.

"이……이게 어떻게 된 일이지?"

바위는 점점 빠른 속도로 움직이더니 곧 육지로부터 영영 멀어졌어
요.

"세오녀! 세오녀!"

아무리 부인을 불러도 소용없었지요.

며칠이 지났을까요?

하염없이 떠내려가던 연오랑은 드디어 작은 섬나라(현재의 일본)에 도착했어요.

"오! 하늘이 임금님을 보내 달라는 우리들의 기도를 들어주셨군!"

바위를 타고 온 연오랑을 보더니 섬나라 사람들이 모두 무릎을 꿇고 놀라워하며 그를 임금님으로 모셨답니다.

한편, 미역을 따러 갔다가 돌아오지 않는 연오랑을 기다리며 세오녀는 눈물만 흘리고 있었어요.

"서방님, 혹시 바다에 빠지셨나요? 제발 살아 돌아와 주세요. 흑흑."

그때였어요.

세오녀가 앉아 있던 바위가 움직이기 시작하더니 둥실둥실 바다를 떠내려가기 시작했어요.

세오녀가 탄 바위가 섬나라에 닿자 섬나라 사람들은 이번에도 놀라워하며 그녀를 임금님 앞으로 데려갔어요.

"세오녀!"

"여보! 살아 계셨군요."

두 사람은 다시 만난 기쁨에 눈물을 흘렸답니다.

그런데 신라엔 참으로 이상한 일이 생겼어요. 연오랑과 세오녀가 신라를 떠난 이후로 해와 달이 빛을 잃어버린 거예요.

신라 임금은 점쟁이를 불러서 점을 쳤어요.

"이것은 모두 신라에서 해와 달의 역할을 하던 연오랑과 세오녀가 섬나라로 갔기 때문이옵니다."

"뭣이라? 그렇다면 그분들을 당장 신라로 모셔 오도록 하라!"

신라에서 신하들이 서둘러 섬나라로 건너왔어요. 하지만 연오랑과 세오녀는 섬나라를 다스려야 하기 때문에 다시 돌아갈 수 없었지요.

"여보. 이를 어쩌지요?"

"그러게 말이오. 흠……."

두 사람은 고민 끝에 세오녀가 정성 들여 짠 비단을 신하들에게 주었어요.

"우리는 갈 수 없지만 꿩 대신 닭이라고 대신 이 비단을 가지고 가서 하늘에 정성껏 제사를 지내시오. 그럼 해와 달이 다시 빛을 낼 것이오."

연오랑의 말은 사실이었어요.

해와 달은 다시 환하게 빛을 내기 시작했고, 연오랑과 세오녀도 슬기롭게 나라를 잘 다스리며 행복하게 살았답니다.

꿩 고기는 조선시대에 최고의 요리 재료였지만 먹고 싶어도 쉽게 구해 먹을 수 없을 만큼 귀했답니다. 그래서 꿩 대신, 꿩과 비슷하게 생긴 닭이라도 잡아서 잔칫상에 올리곤 했어요. 이렇듯 당장에 써야 할 적당한 물건이 없을 때 그보다는 못하지만 그와 비슷한 것으로 대신한다는 것을 '꿩 대신 닭'이라고 말해요.

연오랑과 세오녀

〈연오랑과 세오녀〉는 신라시대의 설화예요.

원래는 박인량의 〈수이전〉이라는 책에 실려 있었지만 현재는 전하지 않고 이후에 〈삼국유사〉와 서거정이 쓴 〈필원잡기〉에 실려 현재까지 전하고 있답니다.

해와 달이 빛을 잃었다가 다시 되살아난다는 내용을 담고 있는 이 설화는 '일월 신화'로도 분류되는데, 한국과 일본이 교류를 나누었다는 흔적을 찾아볼 수 있는 데 큰 의미가 있어요. 연오랑과 세오녀는 일본에서 철을 주조하는 법, 벼농사 짓는 법, 토기를 만들고 비단을 짜는 법 등의 기술을 가르쳐주었고, 이는 일본이 원시의 모습에서 문명으로 깨어나는데 큰 역할을 했다고 신화는 적고 있지요.

연오랑과 세오녀가 직접 신라로 건너오는 대신 전해준 비단은 임금님에 의해 국보로 정해졌다고 해요. 또한 비단으로 하늘에 제사 지낸 곳은 '영일현'이라 적혀있는데 현재의 포항 영일군 동해면이라고 하네요.

13 낫 놓고 기역자도 모른다

글자라고는 아무것도 모르는
몹시 무식한 사람을 두고 하는 말.

전래동화 **낫 놓고 기역자도 모르는 양반**

옛날 어느 마을에 낫 놓고 기역자도 모르는 양반이 살고 있었어요.

양반이라면 어렸을 적부터 공부를 아주 많이 하는 것 아니냐고요? 사실 이 양반은 원래 장사꾼이었는데 돈을 아주 많이 벌게 되어 양반 자리를 돈을 주고 산 거랍니다.

양반이 된 이후엔 아무도 모르는 곳으로 이사를 와서 똑똑한 양반인 척 하며 살고 있었던 거예요.

"나으리! 댁에 계십니까유?"

그러던 어느 날, 한 농부가 양반을 찾아왔어요.

양반은 웃통을 벗고 낮잠을 늘어지게 자다가 깜짝 놀랐어요.

들킬세라 얼른 옷을 제대로 갖추어 입고 잔뜩 위엄이 있는 표정으로 수염을 쓸며 방문을 열었지요.

"그래. 무슨 일이더냐?"

"예. 나으리. 다름이 아니오라 관아에서 편지가 왔는데 제가 낫 놓고 기역자도 모르는 까막눈이라 도무지 읽을 수가 있어야지유. 이 편지 좀 읽어 주실 수 있으시지유?"

"펴……편지라고?"

양반의 가슴이 덜컹했어요.

양반이 글을 모른다는 것이 말이 안 되니까 까딱 잘못하다가는 가짜 양반이라는 사실을 들키게 생겼지요.

'이를 어쩐다?'

편지를 손에 받아든 양반의 이마에 식은땀이 줄줄 흘러내렸어요.

"뭐 심각한 이야기가 쓰여 있는 것은 아니겠지유?"

농부는 이유도 모른 채 잔뜩 겁을 먹은 모양이에요.

"그건 아니고……. 실은 내가 지금 뒷간에 가려던 길이었네. 에헴."

"에구머니나. 저는 그런 것도 모르고 나으리를 붙잡아 두고 있었네유, 죄송해유."

"그러니 이따 다시 오게."

"아니구먼유. 전 여기서 기다릴 테니 편하게 다녀오셔유."

양반이 뒷간에 가겠다는데 어쩌나요?

농부는 그저 양반이 볼일을 시원하게 마치고 돌아오기를 기다리는
수밖에요.
한편 양반은 마렵지도 않은 똥을 누려고 뒷간에 쪼그려 앉았어요.
'저 놈은 왜 안 가고 기다리겠다는 거야? 어휴, 이것 참 큰일 났다.'

시간이 얼마나 흘렀을까요?

"자네, 갔나?"

"아닙니다유!"

쪼그려 앉은 다리는 점점 더 감각이 없어지고, 똥파리와 구더기는 자꾸만 양반의 엉덩이에 달라붙었어요.

게다가 뒷간 냄새는 또 얼마나 구린가요?

"자네, 아직 안 갔나?"

"걱정 마세유. 철썩같이 기다리고 있으니까유."

'어이구, 내 팔자야! 이를 어쩐다냐, 어째!'

결국 해가 져서 주변이 캄캄해지자 그제야 농부는 배가 고파 집으로 돌아갔답니다.

양반은 결국 다리에 쥐가 나서 뒷간에서 기어 나왔고, 그날부터 글공부를 아주 열심히 했다고 하네요.

낫은 벼나 풀을 벨 때 쓰는 기역자 모양의 농기구예요. '낫 놓고 기역자도 모른다.'는 건 기역자 모양의 낫을 보고도 기역이 뭔지 모른다는 뜻이니 아는 게 하나도 없는 무식한 사람을 뜻하는 것이지요. 하지만 요즘엔 '낫 놓고 기역자도 모르는' 사람을 찾기가 쉽지 않아요. 학교에 입학하기 전부터 한글을 모두 익히니까요.

14 달면 삼키고
쓰면 뱉는다

옳고 그름이나 신의를 돌보지 않고
자기의 이익만 꾀한다.

탈무드 가장 귀한 보물

한 남자가 큰 잘못을 저질렀어요.

왕은 남자에게 당장 궁궐로 오라는 명령을 내렸지요.

'이크! 큰 벌을 받는 걸까? 무서워서 혼자는 도저히 못 가겠구나.'

남자는 오들오들 떨었어요.

'친구에게 함께 가 달라고 부탁해 봐야지.'

남자에겐 세상 무엇과도 바꿀 수 없는 소중한 두 친구가 있었답니다.

남자는 두 친구를 위해서라면 목숨도 바칠 수 있다고 생각했어요. 그
래서 두 친구에게만은 돈과 보석을 아낌없이 선물했지요.

남자는 우선 조금 더 친하다고 생각되는 첫 번째 친구를 찾아갔어요.

"자네가 이 밤에 웬일인가?"

밝은 표정으로 맞아 주는 친구에게 남자는 사정을 말했어요.

"임금님이 당장 궁궐로 오라고 하신다네. 무서워서 혼자는 못 가겠으니 나와 같이 좀 가주게."

친구는 남자의 이야기를 듣자마자 고개를 절레절레 흔들었어요.

"그건 좀 힘들겠는데?"

"내가 이렇게 부탁함세. 친구 좋다는 게 뭔가?"

"그러다 나까지 벌을 받으면 어떡하라고? 자네와 난 오늘부터 친구가 아니니 그렇게 알게나!"

남자는 친구의 차가운 말에 실망했어요. 돈과 보석을 들고 찾아갔을 땐 그렇게도 친절했던 친구였는데 말이에요.

남자는 두 번째로 친한 친구를 찾아갔지요.

친구는 남자의 말이 끝나기도 전에 대문을 열고 이렇게 말하였어요.

"듣기 싫네. 당장 내 집에서 나가주게!"

"자……자네가……, 어떻게 나한테 이럴 수가 있는가?"

'쾅!'

그 친구는 남자의 등 뒤로 문을 세게 닫아 버렸답니다.

남자는 길바닥에 앉아 눈물을 흘렸어요.

"달면 삼키고 쓰면 뱉는다더니, 내가 어려워지자 친구들도 나를 떠나는구나."

그때 남자의 머릿속에 또 한 친구가 스쳐 지나갔어요.

그 친구는 가난했지만 성실했고, 귀한 것이 생기면 꼭 남자에게 나눠 주곤 했답니다.

'똑똑.'

친구 집 대문을 두들기는 남자의 손이 떨렸어요.

이윽고 문이 열렸고, 친구가 걱정스러운 표정으로 뛰쳐나왔어요.

"왜 이제 왔는가? 소식을 듣고 자네가 오기만을 기다리고 있었네."

친구는 남자의 손을 꼭 잡아주며 말했어요.

"얼마나 마음고생이 심했는가? 자, 앞장서게나. 내가 자네와 함께 궁궐에 가 주겠네."

"그게 정말인가? 고맙네, 고마워."

남자는 그제야 자신의 진짜 친구가 누구인지 알게 되었답니다.

친구로서의 믿음과 의리는 잊고, 자기에게 이로우면 이용하고 이롭지 않으면 따돌리거나 버리는 것을 '달면 삼키고 쓰면 뱉는다.' 는 속담으로 표현해요.

대부분의 사람들이 달콤한 것을 좋아하고, 쓰디 쓴 것은 찡그리며 억지로 삼키니까요. 하지만 달콤한 것이 꼭 좋은 것만도, 쓰디 쓴 것이 꼭 나쁜 것만도 아니랍니다. 달콤한 사탕은 이를 썩게 하고, 쓰디 쓴 약은 몸의 병을 낫게 하니까요.

🌀 같은 뜻의 사자성어에는 감탄고토(甘呑苦吐)가 있어요.
'달면 삼키고 쓰면 뱉는다.'는 뜻이지요.

15 닭 쫓던 개 지붕 쳐다보듯 한다

교과서 수록

애를 쓰다가 남에게 뒤떨어져 어찌할 도리가 없이 민망하다.

전래동화 **지붕으로 올라간 얄미운 닭**

황소와 누렁이는 닭에게 불만이 많았어요.

"음메! 나는 매일같이 밭을 갈고, 무거운 짐을 나르느라 몸이 천근만 근 무겁기만 해. 게다가 이렇게 고생하고도 겨우 지푸라기만 받아먹지. 그런데 저 닭은 뭐야? 하루 종일 빈둥빈둥 놀기만 하고, 하는 일이라곤 하루 한 번 알을 낳는 것뿐이잖아? 그런데도 주인님은 닭한테만 맛있는 곡식을 주시니 참을 수가 없어."

"멍멍! 나도 마찬가지 생각이야. 난 집에 도둑이 들세라 밤잠도 제대 로 못자고 집을 지키는데 저 닭은 아침에 '꼬끼오' 하며 한 번 울어 주면

그만이야."

"음메! 우리 저 닭을 이 집에서 내쫓아 버리자."

"멍멍! 좋아. 아주 혼쭐을 내서 근처엔 얼씬도 못하게 하자."

하지만 이 이야기를 들은 닭은 배가 아프게 웃어 댔어요.

"꼬끼오! 제가 하루 종일 빈둥빈둥 놀기만 한다고요? 그래도 누구처럼 미련하게 힘이나 쓰는 것보단 훨씬 낫지요."

"음메! 뭐라고?"

"꼬끼오! 게다가 저보고 꼬끼오 한 번 울어 주면 그만이라고요? 제가 제 시간에 울지 않는다면 아마 사람들은 아침이 온 걸 모르고 늦잠을 자고 말 걸요? 쓸데없이 짖어 대기나 하니까 이웃들이 다 싫어한다는 사실 모르세요?"

비웃음을 들은 황소와 누렁이는 도저히 참을 수가 없었어요.

누렁이는 달려들어서 닭의 벼슬을 꽉 물어 버렸지요.

"어머나!"

놀란 닭은 날개를 파닥거려 재빨리 지붕 위로 올라갔어요.

"꼬끼오! 황소님, 누렁이님! 그렇게 제가 미우시면 어디 이 지붕 위까지 올라와서 저를 괴롭혀 보시죠? 이제 아시겠어요? 날개가 있는 저는 당신들보다 훨씬 더 뛰어나다는 것을요! 호호호."

황소와 누렁이는 몹시 분했지만 어쩔 도리가 없었어요.

그저 지붕만 올려다볼 뿐이었지요.

이때부터 '닭 쫓던 개 지붕 쳐다보듯 한다.'라는 말이 생겼다고 해요. 그리고 누렁이에게 물린 닭의 벼슬이 삐죽삐죽해졌답니다.

황소와 누렁이는 얄미운 닭을 혼쭐 내주고 싶었지만 결국 지붕만 올려다보고 있네요. 닭은 지붕 위로 날아 올라갈 수 있지만 황소나 누렁이는 아무리 애를 써도 지붕 위로 올라갈 수 없으니까요.

이렇듯 하려고 애쓰던 일이 실패로 돌아가거나 애를 쓰다가 남에게 뒤떨어져 어찌할 도리가 없으니 민망할 때를 '닭 쫓던 개 지붕 쳐다보듯 한다.'는 속담으로 표현해요.

- 〈닭 쫓던 개 울타리 넘겨다 보듯.〉도 같은 뜻의 속담이에요.
- 〈닭 쫓던 개의 상.〉으로 바꿔 쓸 수 있어요. '상'이란 얼굴을 말하는 것으로, 일이 실패로 돌아가 더 이상 어찌할 도리가 없게 되어 맥 빠진 모양을 뜻해요.

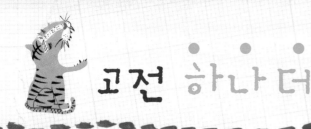

탈무드 여우와 물고기

배가 고픈 여우 한 마리가 먹을 것을 찾아다니고 있었어요.

여우에게는 더 이상 걸을 힘도 남아 있질 않았어요.

"더 이상은 못 참겠군! 물고기라도 잡아먹어야겠어."

여우는 시냇가로 갔어요.

"이야. 통통하게 살이 오른 물고기들이 정말 많구나!"

여우는 침을 꼴깍 삼켰지요. 하지만 물고기를 잡기는 쉽지 않았어요.

"어떻게 하면 저 물고기들을 힘들이지 않고 쉽게 잡아먹을 수 있을까?"

그때 시냇가에 쳐 놓은 그물을 발견한 여우는 좋은 생각이 떠올랐어요.

"옳지! 그런 방법이 있구나! 나는 어쩜 이렇게 똑똑하지?"

여우는 다급한 목소리로 물고기들을 향해 소리쳤지요.

"물고기들아! 물고기들아! 저기 누군가 그물을 쳐 놓았어. 그물에 걸리면 잡아먹히고 말 거야. 어서 그물을 피해 물 밖으로 나오렴."

여우의 말을 들은 물고기들이 코웃음을 치며 대답했어요.

"그물은 조심히 헤엄치면 피할 수 있지만, 물 밖으로 나가면 어리석은 여우에게 꼼짝없이 잡히게 될 걸 우리가 모를 줄 알고?"

얕은 꾀를 쓰려던 여우는 부끄러움으로 얼굴이 빨개졌답니다. 그리곤 닭 쫓던 개 지붕 쳐다보는 것처럼 물고기들을 바라볼 수밖에 없었어요.

도둑이 제 발 저리다

지은 죄가 있으면 자연히 마음이 조마조마해진다.

탈무드 **다시 찾은 돈**

한 장사꾼이 많은 돈을 벌었어요.

'어떻게 하면 돈을 안전하게 보관할 수 있을까?'

곰곰이 생각한 장사꾼은 깊은 숲 속에 돈을 묻어 두기로 했지요.

얼마 후 다시 숲 속을 찾은 장사꾼은 깜짝 놀라고 말았어요.

"에구머니나! 이 일을 어째? 내 돈이 몽땅 없어졌잖아?"

분명히 땅 속 깊은 곳에 아무도 모르게 묻어 두었는데, 그 돈이 감쪽
같이 사라진 거예요.

"내 돈을 누군가 훔쳐간 것이 분명해! 이 일을 어쩌지?"

하지만 아무리 둘러봐도
주변엔 오두막 한 채만
덩그러니 있을 뿐 아무것도
보이지 않았어요.
　장사꾼은 오두막으로 갔어요.
　오두막의 주인에게 혹시 이
땅을 파헤친 사람을 보았느냐고
묻기 위해서였지요.

'똑똑!'

"거, 누구슈?"

주인이 벌컥 문을 열었어요.

"제가 물건을 팔아 큰돈을 벌었는데, 그 돈의 절반을 이 근처에 잘 숨겨 놓았습니다."

"나…… 난 모르는 일이오! 난 그런 돈은 본 적도 없단 말이오!"

오두막 주인의 얼굴이 새파랗게 질렸어요.

손도 벌벌 떨었지요.

'오호라. 도둑이 제 발 저린다더니 이 오두막 주인이 바로 내 돈을 훔쳐 간 범인이로군!'

장사꾼은 정신을 차리고 오두막 주인에게 시치미를 뚝 떼고 말했지요.

"아니, 그런 게 아닙니다. 그 돈은 물론 제가 묻어 둔 곳에 잘 묻혀 있겠지요. 제가 찾아온 것은 다름이 아니라 이번에도 장사로 돈을 많이 벌어서 나머지 돈들도 이 근처에 묻어 두려고 하는데 어디에 묻는 것이 안전할까 묻기 위해서입니다. 이 근처 지리는 잘 알고 계시지요?"

험상궂게 생긴 오두막 주인은 그제야 안심을 하는 표정으로 입꼬리를 씩 올리며 웃었어요.

"아, 이 근처를 나만큼 잘 아는 사람은 없지요. 나머지 돈들을 또 묻어 놓겠다고요? 그렇다면 당연히 절반의 돈을 묻은 곳에 함께 묻어야지요."

"그래야겠군요. 감사합니다."

오두막에서 나온 장사꾼은 집으로 돌아가는 척하다가 얼른 나무 뒤에 숨었어요.

아니나 다를까? 오두막 주인이 살금살금 숲으로 가는 거예요.

"내가 돈을 훔친 걸 알아채지 못하다니 멍청한 장사꾼 같으니라고! 그 자는 분명 이 곳에 돈을 묻으러 돌아올 거야. 돈이 없어진 것을 알면 깜짝 놀랄 테니 다시 묻어 두자. 그리고 내일 두 배로 불어난 돈을 찾으러 와야지. 큭큭."

오두막 주인이 돈을 묻어 두고 돌아가자 장사꾼은 다시 땅을 파서 자신의 돈을 되찾았어요.

"휴. 정말 다행이군, 다행이야!"

장사꾼은 지혜로운 방법으로 자신의 돈을 되찾고는 뒤도 돌아보지 않고 숲을 떠났답니다.

오두막의 주인은 자신이 돈을 훔쳤다는 사실을 들킬까 봐 얼굴이 새파랗게 질리고 손을 벌벌 떨었어요. 이렇듯 지은 죄가 드러날까 두려워서 마음 졸이는 것을 '도둑이 제 발 저리다.'란 속담으로 표현해요. '저리다'는 뼈마디나 몸의 일부가 쑥쑥 쑤시듯이 아픈 것을 말하는데 지은 죄가 드러날까 두려워서 마음이 조마조마하니 괜시리 발이 아픈 것처럼 느껴지는 것이지요.

◉ 〈도적은 제 발이 저려서 뛴다.〉로 바꿔 쓸 수 있어요.

17 등잔 밑이 어둡다

제게 가까운 일을 먼 데 일보다 오히려 모른다.

세계명작 **파랑새**

치르치르와 미치르의 아버지는 가난한 나무꾼이었기 때문에 남매에게 크리스마스 선물을 사줄 수 없었어요.

하지만 둘은 산타 할아버지를 기다려보기로 했지요.

그때 누군가 문을 두드렸어요.

"누구지? 산타 할아버지일까?"

"얘들아, 혹시 너희 집에 파랑새가 있니?"

문 밖에 서 있는 사람은 옆집 할머니와 똑 닮은 요술쟁이 할머니였어요.

"파랑새는 없어요."

"아픈 내 딸이 파랑새를 보면 병이 나을 것 같다는데……. 너희들이 파랑새를 찾아 줄래?"

"좋아요!"

할머니는 치르치르에게 다이아몬드가 달린 요술 모자를 주었어요.

다이아몬드를 왼쪽으로 돌리자 아름다운 빛의 요정이 나타났어요. 치르치르와 미치르는 요정과 함께 파랑새를 찾으러 떠났답니다.

가장 먼저 간 곳은 추억의 나라였어요.

그곳에서 둘은 할아버지와 할머니를 만나서 즐거운 시간을 보냈어요.

할아버지와 할머니는 남매에게 파랑새 한 마리를 주었지만 추억의 나라를 나오자마자 파랑새는 검은 새로 변해 버렸답니다.

그 다음으로는 밤의 여왕이 사는 어둠의 나라로 갔어요. 하지만 어둠의 나라에서 찾은 수백 마리의 파랑새도 어둠의 나라에서 나오자마자 곧 죽고 말았어요.

둘은 이번에는 숲 속으로 갔어요.

나무들은 자신들을 베어 버리려는 나무꾼을 싫어했어요. 그래서 나무꾼의 아이들인 치르치르와 미치르를 괴롭히려고 달려들었어요.

치르치르는 나무들을 피하기 위해 얼른 다이아몬드를 돌려서 미래의 궁전으로 갔답니다.

미래의 궁전에는 앞으로 태어날 아기들이 배를 타려고 줄 서 있었어요. 둘은 그곳에서 한 할아버지에게 파랑새를 얻었지만 그 파랑새도 미래의 궁전에서 나오자마자 죽어 버렸지요.

마지막으로 둘은 행복의 궁전에까지 가보았지만 결국 파랑새를 찾지는 못하였어요.

"치르치르야! 미치르야!"

그때 어디선가 엄마의 목소리가 들려왔어요.

"어서 일어나렴. 오늘은 크리스마스란다!"

"어? 엄마!"

둘은 잠에서 깨어났어요.

그런데 놀랍게도 둘의 방 안에 오래 전부터 매달려 있던 새장 속에 파랑새가 살고 있었어요. 등잔 밑이 어둡다고, 둘은 집에 있는 새가 파랑새라는 사실을 몰랐던 거예요.

그때 마침 옆집 할머니가 찾아왔어요.

"그토록 찾던 파랑새가 너희 집에 있었구나! 이걸 보면 우리 딸애가 무척 좋아할 거다."

치르치르와 미치르는 서로를 보면서 웃었어요. 옆집 할머니의 딸도 파랑새를 보고 금세 병이 나았답니다.

전기가 없던 옛날, 사람들은 등불을 켜서 어둠을 밝혔어요. 하지만 등불은 너무 작아서 온 방안을 환하게 밝히지는 못했답니다. 특히 등불 아래는 그림자가 져서 어두웠기 때문에 등불 아래에 무언가를 떨어뜨리면 어두워서 잘 찾지 못했어요. 이렇듯 가까운 일을 먼 곳의 일보다 오히려 모를 때 '등잔 밑이 어둡다.' 라는 속담으로 표현한답니다.

고전 깊이 읽기

파랑새의 작가, 마테를링크

마테를링크는 프랑스에서 태어났어요. 대학에서 법학을 전공하였으나 변호사를 포기하고 시인의 길로 들어섭니다. 하지만 첫 시집 〈온실〉은 전혀 주목을 받지 못하였고 오히려 〈발렌 왕녀〉, 〈펠레아스와 멜리상드〉, 〈파랑새〉 등의 희곡으로 크게 유명해졌어요. 그는 1911년에 노벨문학상을 수상했답니다.

파랑새 이야기

파랑새는 어린이를 위한 연극 대본이에요.

1906년에 완성되어 1908년 모스크바예술극장에서 상연되면서 세계적으로 유명해졌지요. 이후 이 작품은 런던, 뉴욕 등 전 세계에서 공연되며 커다란 성공을 거두었어요.

가난한 나무꾼의 아이들 치르치르와 미치르 남매는 마법사 할머니에게 파랑새를 찾아 달라는 부탁을 받고 여러 나라를 방문하지만 끝내 찾지 못하고 돌아옵니다. 하지만 꿈에서 깨고 보니 방에 있던 새가 파랑새라는 것을 깨닫게 되지요.

결국 작가는 이 이야기를 통해 행복은 멀리 있는 것이 아니라 우리 주변에, 아주 사소한 일상 속에 있다는 것을 일깨워 주고 있어요.

18 땅 짚고 헤엄치기

땅을 짚고 헤엄치듯이 아주 쉽게 할 수 있는 일을
가리켜 하는 말.

전래동화 **떡시루 잡기 내기**

호랑이와 두꺼비는 심심할 때마다 만나 신나게 놀았어요.

오늘도 심심해진 호랑이와 두꺼비는 산길에서 만났지요.

"심심하고 배도 고픈데 떡이나 해 먹을까?"

"떡이라고? 고것 참 맛있겠다."

두 사람은 각자의 집에서 쌀과 팥, 그리고 떡시루를 준비해 왔어요.

그리곤 떡시루에 쌀가루와 팥고물을 켜켜이 쌓아 올린 다음 장작불에

올렸지요.

곧 떡이 익어가며 고소한 냄새가 풍기기 시작했어요.

'꼬르륵 꼬르륵.'

둘의 배 속도 떡이 익어가는 소리만큼이나 요란
했어요.

드디어 떡이 완성되자, 호랑이는 슬슬 못
된 생각이 들기 시작했지요.

'나 혼자 다 먹어도 부족하겠는데,
꼭 두꺼비랑 나눠 먹어야 해?
나 혼자 다 먹을 방법은 없을
까?'

그래서 호랑이는 두꺼비
에게 내기를 제안하기로
했지요.

그건 바로 떡시루 잡기 내기였어요.

"이 떡시루를 산꼭대기에서 굴린 다음 떡시루를 쫓아가서 먼저 잡는 쪽이 이기는 거야."

"너는 걸음도 나보다 빠르고 덩치도 산 만한데 내가 어떻게 이길 수 있겠어?"

두꺼비는 호랑이의 시커먼 속내가 보이는 듯 했어요.

하지만 힘이 센 호랑이를 두꺼비가 당할 수 있나요? 하는 수 없이 내기를 하기로 했지요.

호랑이는 산꼭대기에서 떡시루를 힘차게 굴렸어요.

그러고는 데굴데굴 굴러 떨어지는 떡시루보다 더 앞서서 힘차게 달리기 시작했어요.

'먼저 산 밑에 도착해서 굴러 내려오는 떡시루를 기다렸다 잡으면 그만! 이건 정말이지 땅 짚고 헤엄치기로구나!'

두꺼비는 저 멀리 굴러가는 떡시루를 내려다보면서 폴짝폴짝 뛰었어요.

그런데 그때였어요!

떡시루가 돌부리에 쿵, 나무 기둥에 쿵쿵 부딪치면서 크고 작은 떡덩이들이 떡시루에서 떨어져 나오는 것이 아니겠어요?

"이야! 떡이다, 떡!"

두꺼비는 떨어지는 떡덩이들을 얼른 가서 주워 먹고 또 주워 먹었지요.

"이거야말로 땅 짚고 헤엄치기로군!"

두꺼비는 배가 터질 때까지 떡을 먹고 또 먹었어요.

한편, 산 밑에서 하염없이 기다리던 호랑이 눈에 드디어 데굴데굴 굴러 떨어지는 떡시루가 보였답니다. 호랑이는 침을 꼴깍 삼켰지요.

"아니? 이게 어떻게 된 일이야?"

이미 떡시루는 깨끗하게 비워져 있었지요.

두꺼비가 입가에 팥고물을 잔뜩 묻히고 통통 부른 배를 두들기며 나타났어요.

"네가 내 떡 다 먹었지?"

"그러게 누가 그렇게 욕심내래?"

"뭐라고?"

화가 난 호랑이는 두꺼비의 등을 쿵쿵 밟아 버렸답니다. 그래서 두꺼비의 등이 지금처럼 울퉁불퉁하게 되었대요.

손으로 땅을 짚고 헤엄을 친다면 수영을 하지 못한다 해도 절대 물에 빠질 리 없겠지요? 땅을 짚을 수 있다는 건 그만큼 수심이 얕은 곳이라는 뜻도 되고요. 즉 '땅 짚고 헤엄치기.'는 어떤 일이 몹시 안전하고 쉬울 때 쓰는 표현이랍니다.

● 〈누워서 떡 먹기.〉도 같은 뜻이에요. ★교과서 수록

● 〈식은 죽 먹기.〉도 같은 뜻이에요.

19 떡 줄 사람은 생각도 않는데 김칫국부터 마신다

일이 다 된 것처럼 여기고 미리부터 기대한다.

 이솝우화 **지나친 욕심**

　사자 한 마리가 하루 종일 들판을 헤매며 먹잇감을 찾고 있었어요.

　사냥에 자꾸 실패하는 바람에 사자는 어제부터 아무것도 먹질 못했답니다.

　'꼬르륵 꼬르륵.'

　"아, 배고파. 오늘 따라 개미 한 마리 눈에 띄질 않는구나!"

더 이상 걸을 기운조차 없어진 사자는 하늘에 기도를 올렸어요.

"하느님! 제발 저에게 통통하게 살이 오른 토끼 한 마리만 내려 주세요. 아니면 이 사자 굶어 죽습니다요."

그때였어요.

"어라? 꿈인가? 아니면 너무 배고파서 눈에 헛것이 보이나?"

사자는 눈을 마구 비벼 보았어요.

"꿈이 아니구나! 흐흐."

사자 앞에 거짓말처럼 토끼 한 마리가 나타난 거예요.

게다가 토끼는 사자가 옆에 있는 줄은 까맣게 모르고 나무 밑에서 너무나 평화롭게 낮잠을 자고 있었어요.

"하하하. 하늘이 내 소원을 들어주셨군!"

사자는 침을 꼴깍 삼키며 슬금슬금 나무 쪽으로 다가갔어요.

그런데 그때였어요.

먹음직스럽게 생긴 사슴 한 마리가 풀을 뜯어먹으며 자리를 옮겨 다니느라 정신이 팔려 있었지요.

"앗. 저건 사슴 아냐? 사슴은 토끼보다 크고 맛도 좋지."

사자는 입맛을 다셨어요.

"아니 대체 뭐부터 먹어야 좋을까? 토끼를 먼저 잡아먹고 사슴을 잡아도 좋을 것 같고, 사슴을 먼저 잡아먹고 토끼를 잡아도 좋을 것 같고……. 아! 이를 어쩌지? 흐흐."

사자는 행복한 고민으로 머리를 쥐어뜯었어요.

"옳지. 우선 사슴을 잡아먹은 다음에 입가심으로 토끼를 잡아먹기로 하자. 역시 그게 좋겠어!"

사자는 살금살금 사슴에게 다가갔어요.

"으악! 사자가 나타났다!"

하지만 눈치 빠른 사슴은 사자를 발견하곤 재빨리 도망을 치기 시작했답니다.

그 바람에 토끼도 낮잠에서 깨어났어요.

"하마터면 사자에게 잡아먹힐 뻔했군. 사슴아, 고마워!"

토끼도 순식간에 깡충깡충 도망을 쳤어요.

"두 마리 다 놓치다니, 엉엉."

떡 줄 사람은 생각도 않는데 김칫국부터 마신다

사자는 땅을 치며 그 자리에 주저앉아 버렸어요.

이 모든 걸 나무 위에서 지켜보고 있던 새들이 킥킥거리며 이렇게 말했답니다.

"떡 줄 사람은 생각도 않는데 김칫국부터 마신다더니, 고것 참 고소하다. 킥킥."

옛날 사람들은 떡을 즐겨 먹었어요. 하지만 떡을 많이 먹으면 목이 메었기 때문에 김칫국을 같이 마셨지요. 김칫국은 지금으로 따지면 청량음료 역할을 했던 거예요. 그런데 떡을 가진 사람은 줄 마음도 없는데 미리 기대하면서 김칫국을 마신다면 무척이나 어리석은 행동이겠지요? 이렇듯 상대편은 생각도 않는데 자기가 넘겨짚어 다 된 줄로 생각하고 멋대로 행동하는 것을 '떡 줄 사람은 생각도 않는데 김칫국부터 마신다.'는 속담으로 표현해요.

◉ 〈떡방아 소리 듣고 김칫국 찾는다.〉, 〈앞집 떡 치는 소리 듣고 김칫국부터 마신다.〉도 같은 뜻이에요.

20 뛰는 놈 위에 나는 놈 있다

아무리 재주가 있다 하여도 그보다 나은 사람이 있는 것이니 너무 자랑하지 마라.

전래동화 　지혜로운 아들

어려운 문제 내기를 좋아하는 사또가 있었어요.

사또는 아주 어려운 문제를 만들어 사람들에게 답을 알아맞히게 하고, 답이 틀리면 곤장을 때리거나 구하기 힘든 것을 가져오라고 했답니다.

하지만 사또가 내는 문제는 너무나 어려워서 맞히는 사람이 거의 없었어요. 그렇게 해서 자신이 가장 똑똑하다는 것을 뽐내려고 했지요.

어느 날 사또는 길을 가다가 한 농부를 만나 또 어려운 문제를 냈어요. 농부는 쩔쩔매면서 답을 생각해 내려 했지만 결국 틀리고 말았지요.

"허허. 그것도 알아맞히지 못하다니 무식한 농부로구나! 너는 벌로 내일까지 새끼 밴 황소를 내게 가져오너라!"

"예에? 암소도 아니고 황소가 어찌 새끼를 밸 수 있단 말입니까?"

"듣기 싫다! 만약 가져오지 못하면 큰 벌을 내릴 것이니 그리 알거라!"

집으로 돌아온 농부는 끙끙 앓아눕고 말았어요.

"이를 어쩐다. 사또의 명을 어기면 나뿐만 아니라 가족들의 목숨도 위험할 터인데……."

"아버지! 무슨 일 있으셨어요?"

이상하게 여긴 아들이 물었어요.

"여차여차 이러저러해서 이런저런 일이 생기고 말았다."

농부는 아들에게 낮에 있었던 일을 털어놓았어요.

"걱정 마세요, 아버지. 제게 방법이 있어요."

"그게 정말이냐?"

다음 날, 아들은 제 발로 사또를 찾아갔어요.

"네가 그 무식한 농부의 아들이로구나? 왜 농부는 안 오고 네가 왔단 말이냐?"

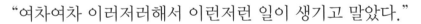

그러자 아들은 당당하게 말하였어요.

"지금 제 아버지는 아기를 낳느라 관아까지 오실 수 없사옵니다."

"뭬야? 남자가 어찌 아기를 낳는단 말이냐?"

"그럼 황소는 어찌 새끼를 밸 수 있단 말입니까?"

"그…… 그건…… ."

당돌한 아이의 말에 사또는 한 마디도 하지 못하였어요.

'내가 교만하게 굴다가 아이 앞에서 부끄러움을 당했구나. 뛰는 놈 위에 나는 놈 있다더니 저 아이는 나보다 훨씬 똑똑하구나.'

사또는 자신의 잘못을 뉘우치고 농부와 아들에게 큰 상을 내렸답니다.

뛰는 사람이 걷는 사람을 보며 느리다고 비웃어요. 하지만 뛰는 사람은 곧 나는 사람에게 느리다고 비웃음을 당하지요. '뛰는 놈 위에 나는 놈 있다.' 라는 속담처럼 위에는 또 위가 있는 것이랍니다. 아무리 재주가 있다 하여도 그보다 나은 사람이 있는 것이니 너무 잘난 체 하거나 자랑하면 안 된다는 사실, 잊지 마세요.

● 〈기는 놈 위에 나는 놈 있다.〉, 〈나는 놈 위에 타는 놈 있다.〉로 바꿔 쓸 수 있어요.

● 〈하루살이 위에 파리가 있다.〉도 같은 뜻이에요.

고전 하나더

 이솝우화 **현명한 여우와 늙은 사자**

사자는 이제 너무 늙어서 사냥할 힘도 남아 있지 않았어요.

"이제 어떻게 먹이를 구하지? 이대로 가다간 굶어 죽고 말겠어."

곰곰이 생각하던 사자의 머릿속에 좋은 꾀가 떠올랐어요.

"옳지! 먹이가 제 발로 찾아오게 할 방법이 있었군!"

사자는 그런 생각을 해낸 자신의 지혜에 스스로 감탄했어요.

그러고는 자신이 병에 걸렸으니 병문안을 오라고 숲 속 동물들에게 전했답니다.

다음 날부터 하나 둘, 동물들이 사자의 동굴로 찾아왔어요. 그럴 때마다 사자는 힘
들이지 않고 찾아오는 동물들을 잡아먹었답니다.

현명하기로 소문난 여우도 사자의 병문안을 갔어요.

"오호! 넌 여우 아니냐? 어서 안으로 들어오너라."

여우를 본 사자는 침을 꼴깍 삼키며 말했어요.

"글쎄요. 병문안을 오긴 하였으나 동굴엔 들어갈 수 없겠군요."

"아니, 그게 무슨 말이냐?"

"동굴 안으로 들어간 발자국은 많은데 걸어 나온 발자국은 하나도 없네요.
전 죽고 싶지 않으니 이만 돌아가겠습니다."

여우 덕분에 그 날 이후로 동물들은 사자의 병문안을 가지 않
게 되었답니다.

"어이쿠, 뛰는 놈 위에 나는 놈이 있다더니 내가 딱
그 꼴을 당했구나."

21 마른하늘에 날벼락이다

뜻밖에 입는 재난을 이르는 말이다.

세계명작 **목걸이**

마틸드는 예쁘고 귀여웠지만 가난했기 때문에 말단 관리와 결혼할 수밖에 없었어요. 그녀는 온갖 좋은 것, 값진 것을 가지고 싶었지만 그러지 못해 우울한 나날을 보냈지요.

어느 날 저녁, 남편이 신이 난 표정으로 봉투를 내밀었어요.

"당신에게 주는 선물이야."

얼른 뜯어보자 거기에는 월요일에 열리는 파티의 초대장이 들어 있었어요. 마틸드는 울상이 되었지요.

"당신이 좋아할 줄 알았는데……. 어렵게 구한 거라고!"

"대체 나더러 뭘 입고 가라는 거예요?"

마틸드는 참다못해 울음을 쏟아 냈어요. 자신에게 제대로 된 파티복이 없다는 사실이 견딜 수 없을 만큼 슬펐거든요.

결국 남편은 자신이 몰래 모아 두었던 4백 프랑을 꺼내 그녀에게 옷을 사라고 주었답니다. 파티복은 준비가 되었지만 마틸드는 여전히 만족스럽지 못했어요.

"옷만 있으면 뭐해요? 보석이 하나도 없는데……."

"당신 친구, 폴레스체 부인에게 빌려 달라고 부탁해 보면 어떨까?"

폴레스체는 그녀의 유일한 부자 친구였어요.

"아! 그러면 되겠네요!"

마틸드는 얼른 폴레스체에게 가서 반짝거리는 아름다운 다이아몬드 목걸이를 빌렸지요.

드디어 파티가 시작되었어요. 마틸드는 파티에 참석한 어느 여자보다 아름답고 우아했답니다. 그녀는 모든 사람들에게 주목을 받았어요.

"앗!"

하지만 집에 도착했을 때 그녀는 비명을 지르고 말았어요. 친구에게 빌린 목걸이가 없어진 것이었어요. 마른하늘에 날벼락이었어요.

부부는 목걸이를 찾기 위해 온갖 노력을 다 했지만 끝내 찾을 수 없었어요. 결국 둘은 몰래 비슷한 목걸이를 새로 사다 주려고 전 재산을 털었고, 큰 빚까지 졌어요. 이후 마틸드와 남편의 고생이 시작되었어요.

빚을 갚기 위하여 마틸다는 온갖 고된 일을 하며 한 푼, 두 푼을 아껴야 했고 남편도 일을 늘려 가며 돈을 벌었어요. 10년이나 지나서야 두 사람은 겨우 빚을 다 갚을 수 있었답니다.

마틸드는 그동안의 고생으로 마치 할머니처럼 보였어요. 그녀는 가끔씩 창가에 앉아서 아름다웠던 그날 밤의 파티를 떠올려 보곤 했지요.

'만약 그 목걸이를 잃어버리지 않았더라면 어땠을까?'

그러던 어느 날, 마틸드는 우연히 옛 친구 폴레스체를 만났어요. 폴레스체는 고생으로 늙어버린 마틸드를 알아보지 못했답니다. 마틸드는 폴레스체에게 목걸이를 잃어버리고 나서 있었던 고생들을 털어놓았어요. 이제는 다 끝난 일이라는 듯 홀가분한 목소리로요.

"비슷한 것으로 사서 돌려 주었는데 아직 눈치채지 못했니?"

그러자 폴레스체가 마틸드의 양손을 잡으며 소리쳤어요.

"어머나! 마틸드! 그 목걸이는 가짜였는데 이를 어쩌니!"

벼락은 먹구름이 잔뜩 끼고 비가 오는 날 치지요. 그런데 맑게 갠 하늘에 갑자기 우르릉 쾅쾅 벼락이 친다고 생각해보세요. 얼마나 깜짝 놀랄까요? 이처럼 예상하지 못한 큰 어려움을 당했을 때 사람들은 '마른하늘에 날벼락'이 친 것 같다고 말한답니다.

◉ 비슷한 뜻의 한자성어에는 청천벽력(靑天霹靂)이 있어요. 푸른 하늘에 벼락이 내린다는 뜻이지요.

<목걸이> 이야기

<목걸이>는 모파상의 가장 유명한 단편 소설 중 하나로, 인간의 허영심이 그 사람을 어떻게 망가뜨리는지에 대한 내용을 주제로 하고 있어요.

주인공 마틸드는 자신이 처한 상황에 늘 불만을 품고 살아가는 여인으로 상류층의 생활을 꿈꾸며 가난한 남편을 괴롭힙니다. 그러다 친구에게 빌린 목걸이를 잃어버리게 되면서 10년간이나 큰 고생을 하게 되지요.

소설에는 모파상이 살았던 19세기 후반, 당시 서민의 생활 모습이 사실적으로 드러나 있고, 10년의 고생 끝에 목걸이가 가짜였다는 것이 밝혀지는 반전을 통해 인간의 삶이 얼마나 사소한 것 때문에 뒤바뀔 수 있는지 잘 보여 주고 있습니다.

<목걸이>의 작가, 모파상

모파상은 1850년 프랑스의 노르망디에서 태어났어요. 12살 때 부모님의 이혼으로 큰 충격을 받은 그는 평생 결혼하지 않고 혼자 살았답니다. 또한 20살 때 전쟁에 참가하면서 전쟁의 잔인함과 인간의 잔혹함에 대해 뼈저리게 느꼈어요. 이후 그의 소설에는 그때의 체험이 많이 반영되어 있지요.

<비곗덩어리>라는 소설을 발표하며 유명해진 그는 그로부터 10년간 왕성한 창작활동을 했어요. 어부, 농부, 소시민들의 이야기를 즐겨 썼던 그는 우울증을 앓다가 정신병원에서 생을 마감하고 말았답니다. 대표작으로는 가장 먼저 발표한 <비곗덩어리>와 <목걸이>, <메종 텔리에> 등이 있어요.

22 말 한마디에 천 냥 빚도 갚는다

말을 잘 하면 큰 빚도 갚을 수 있다.

이솝우화 **두 친구와 도끼**

홀쭉한 남자와 뚱뚱한 남자는 친한 친구 사이였어요.

둘은 숲길을 지나고 있었지요.

그때 홀쭉한 남자가 눈이 휘둥그레져서 외쳤어요.

"어? 저게 뭐지? 풀숲에서 뭔가 번쩍번쩍 빛나고 있잖아?"

"저건 도끼가 아닌가?"

정말이었어요.

새 도끼가 주인도 없이 풀숲에 놓여 있었던 거예요.

"야호! 우리는 오늘 운이 정말 좋구먼!"

기분이 좋아진 뚱뚱한 남자가 휘파람까지 부르며 말했어요.

그랬더니 홀쭉한 친구가 도끼를 빼앗으며 대답했지요.

"뭐? 우리라니? 이 도끼는 내가 주운 거야."

"자네가 주운 거라고?"

뚱뚱한 친구는 화가 나서 아무 말도 없이
길을 걸었답니다.

그때 멀리서 누군가 두 친구를 쫓아오며 소리 질렀어요.

"저기 도끼 도둑이다! 내 도끼를 훔쳐갔다!"

그러자 아까 이 도끼는 자기가 주운 거라고 한 홀쭉한 친구가 다급하게 말했지요.

"어이쿠, 이제 우리 큰일 났구먼! 이 일을 어쩌지?"

"우리라니? 그 도끼는 우리가 아니라 자네가 주운 거라면서? 쯧쯧. 이제 자네는 큰일 났구먼."

그제야 혼자 행운을 차지하려 했던 홀쭉한 친구는 크게 후회했답니다.

"어이쿠! 말 한마디에 천 냥 빚도 갚는다고 했는데 말 때문에 결국 혼자 도둑으로 몰리게 생겼구나!"

요즘엔 돈을 '원'이라는 단위로 말하듯, 옛날에는 '냥'이라는 화폐 단위를 사용했어요. 조선 후기를 기준으로 하면 한 냥은 2만 원 정도랍니다. 그러니 천 냥은 2천만 원 정도 되는 큰 돈이지요. 상대방의 마음을 헤아리고, 진심에서 우러나오는 말을 하면 상대를 감동시켜 어려운 일도 해결할 수 있을 때, '말 한 마디에 천 냥 빚도 갚는다.'라는 속담을 사용해요. 말의 중요성을 강조하는 표현이지요.

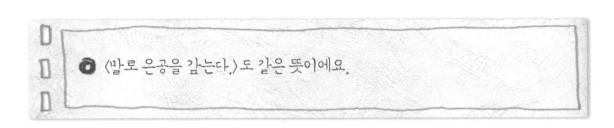

● 〈말로 은공을 갚는다.〉도 같은 뜻이에요.

고전 하나 더

 전래동화 **개똥이와 김 서방**

명절이 되었어요.

양반 둘이 제사상에 올릴 고기를 사러 정육점에 갔답니다.

첫 번째 양반이 정육점의 주인에게 말했어요.

"개똥아, 나 고기 한 근 다오."

이번엔 두 번째 양반이 주인에게 말했어요.

"김 서방. 여기 고기 한 근만 주시게나."

곧 정육점 주인이 두 양반에게 고기 한 근씩을 주었어요.

그런데 첫 번째 양반의 것이 두 번째 양반의 것보다 더 적어 보이는 것이 아니겠어요?

"아니 개똥아, 같은 한 근인데 왜 내 것이 더 적으냐?"

그러자 주인이 말했어요.

"첫 번째 고기는 개똥이가 자르고, 두 번째 고기는 김 서방이 잘라서 그렇습니다."

결국 첫 번째 양반은 아무 말도 하지 못하고 물러날 수밖에 없었어요.

양반은 말 한마디에 천 냥 빚도 갚는다는 교훈을 뼈저리게 느꼈답니다.

목구멍이 포도청

먹고 살기 위해서는 어떤 일이라도
하게 된다는 뜻.

세계명작 **장 발장**

장 발장은 누나가 죽으며 남겨 놓은 일곱 명의 조카들을 돌봐야 했어요.

"외삼촌! 너무 배가 고파요."

조카들은 굶주림 때문에 매일 울었지만 일곱명이나 되는 조카들을 거두기에 그는 너무 가난했지요.

"삼촌이 먹을 것을 구해 올 테니 잠시만 기다리고 있으렴!"

장 발장은 무작정 밖으로 나왔어요.

구걸도 해 보고, 아는 사람을 찾아가 부탁도 해 보았지만 아무도 그에게 돈이나 먹을 것을 주지 않았어요.

그때였어요.

"킁킁. 막 구운 빵 냄새로구나. 조카들에게 빵 한 조각만 먹였으면……."

순간 나쁜 마음이 든 장 발장은 몰래 빵집 안으로 들어갔어요.

그러고는 자기도 모르게 얼른 빵 하나를 훔쳐 옷 안에 감추고 도망을 쳤지요.

"저기 빵 도둑 잡아라!"

금방 눈치를 챈 주인이 장 발장을 쫓기 시작했고, 결국 그는 경찰에 붙잡히고 말았어요.

그는 재판을 받아야 했지요.

"왜 빵을 훔쳤나?"

"목구멍이 포도청이라 할 수 없었습니다. 저에겐 어린 조카들이 있어요. 제발 한 번만 선처해 주세요."

간절히 사정했지만, 재판관은 그에게 19년형이라는 가혹한 벌을 내렸어요.

19년 뒤, 감옥에서 나온 장 발장은 갈 곳이 없었어요.

다행히도 한 신부님이 그를 따뜻하게 맞이해 주었지요.

신부님은 귀한 손님을 대접할 때만 쓴다는 은촛대와 은접시로 그에게 맛있는 음식을 차려 주었어요.

'이 은촛대나 은접시 중 하나만 있어도 조카들과 행복하게 살 수 있을 텐데…….'

결국 그는 또 다시 나쁜 마음을 먹고 은접시를 몰래 옷 속에 숨겨 가지고 성당에서 도망쳤어요.

하지만 불안해 보이는 그의 모습을 수상하게 여긴 경찰이 그를 붙잡아 성당으로 끌고 갔답니다.

"신부님! 이 자가 신부님의 귀한 은접시를 훔쳤습니다."

장 발장은 부끄러워 고개를 푹 숙이고 있었어요.

하지만 신부님은 뜻밖에 고개를 절레절레 흔들며 이렇게 말하는 것이 아니겠어요?

"아니오. 은접시는 내가 이 사람에게 준 선물이오. 그런데 왜 은촛대는 가져가지 않았소? 그것도 내가 준다고 하였잖소?"

신부님의 따뜻한 마음씨에 감동한 장 발장은 눈물을 흘렸어요.

"신부님! 다시는 나쁜 마음을 먹지 않겠습니다. 신부님처럼 다른 사람에게 베풀며 살겠습니다."

목구멍은 음식이 들어가는 구멍을 얘기하고, 포도청은 조선 시대에 범죄자를 잡아 다스리던 경찰서 같은 곳이에요. '목구멍이 포도청'이라는 말은 먹고 살기가 어려워져 굶게 되면 포도청에 잡혀 갈 만큼, 해서는 안 될 짓까지 하게 된다는 의미예요. 하기 싫은 일조차 하게 만들 만큼 굶주림은 무서운 것이네요.

빅토르 위고

　빅토르 위고는 1802년 2월 26일 프랑스 브장송에서 태어났어요. 아버지의 바람대로 대학에서 법학을 전공하였지만 시를 짓는 데 몰두하며 문학가로서의 꿈을 키워 나갔지요. 그의 가장 유명한 작품으로는 〈노트르담의 꼽추〉(1831), 〈레 미제라블〉(1862), 〈바다의 일꾼들〉(1866) 등이 있어요. 전 국민의 존경을 받았기 때문에 80세 생일은 임시 공휴일로 지정되기까지 했고 국장으로 치러진 장례식에서는 200만 명의 인파가 거리로 나와 거장의 마지막 가는 길을 배웅했답니다. 〈레 미제라블〉은 프랑스 말로 '불쌍한 자들'이라는 뜻이에요. 우리나라에 번역되어 출간되면서 〈레 미제라블〉 대신 주인공의 이름인 '장 발장'을 제목으로 쓰기도 했어요. 〈레 미제라블〉은 30여 차례나 영화화되었고, 〈노트르담의 꼽추〉는 디즈니 애니메이션을 포함하여 10여 차례 영화화되었어요.

장 발장, 그 뒷이야기

　미리엘 신부의 은혜로 장 발장은 새로운 사람으로 태어났어요. 이름을 마드레스로 바꾼 뒤 열심히 일하여 시장이 되었고, 가난한 사람들을 도와 존경을 한 몸에 받았지요. 하지만 자벨 경관은 계속해서 장 발장을 의심하고 있었어요. 결국 엉뚱한 사람이 장 발장이라는 혐의로 체포되자 장 발장은 모든 것을 아낌없이 버리고 자수를 하지요. 하지만 곧 탈옥을 해서 자신을 도와주었던 여인의 딸 코제트를 구출해 숨겨 주고 친딸처럼 키웁니다. 여인이 된 코제트는 마리우스라는 청년과 사랑에 빠지게 되고 장 발장은 부부가 된 두 사람이 지켜보는 가운데 조용히 숨을 거두었어요.

24 물에 빠진 놈 건져 놓으니 보따리 내놓으라 한다

남에게 은혜를 입고도 그 고마움을 모르고
트집을 잡는다.

전래동화 주머니에 든 돈

옛날 옛적, 어느 마을에 착한 농부가 살고 있었어요.

"올해는 가뭄으로 농사를 망쳐 수확이 얼마 되지 않는구나."

농부는 한숨을 푹 내쉬었어요.

"오늘이 어머니 제사인데 따뜻한 밥 한 공기 제대로 올리지 못하니,
산에 가서 나물이라도 캐 와야겠다."

그때 길가에 동그란 물건 하나가 눈에 들어왔어요.

가까이 다가가 주워 보니 그건 돈이 가득 든 주머니였어요.

"이……, 이거 돈이잖아? 어머니의 제사에 쓰라고 신령님이 보내 주

신 돈인가? 아아, 그럴 리가 없지. 이건 누군가 잃어버린 돈일 거야."

순간 농부는 나쁜 마음이 들었어요.

'이 돈이면 어머니 제사도 지낼 수 있고, 올 겨울 편안하게 날 수 있을 텐데……. 아니지, 아니야. 하늘에서 어머니가 나를 지켜보고 계신데 부끄러운 짓을 하면 안 돼.'

갈등하던 농부는 당장 관아로 가서 사또를 뵈었어요.

"이 돈을 어디에서 주웠다고?"

"저기 길가에서 주웠습니다."

"오호라, 마침 방금 전에 길가에서 200냥이 든 돈주머니를 잃어버렸다는 장사꾼이 있었다. 장사꾼을 들라 하라."

장사꾼은 돈주머니를 보더니 눈이 휘둥그레졌어요.

"저게 제가 잃어버린 주머니입니다!"

그런데 장사꾼은 주머니를 찾자 슬그머니 못된 마음이 들었어요.

"제가 아까는 착각을 하였습니다. 제가 잃어버린 돈은 220냥입니다. 저 농부가 제 20냥을 가로챈 것이 분명합니다."

"아, 아닙니다. 전 절대로 돈을 가져가지 않았어요."

"거짓말! 당장 내 20냥을 내놔라!"

사또는 장사꾼이 거짓말을 하고 있다는 것을 눈치챘어요.

'물에 빠진 놈 건져 놓으니 보따리 내놓으라 한다더니, 저 장사꾼이 분명 돈에 욕심이 나서 거짓말을 하고 있구나. 고얀 놈.'

사또는 이렇게 판결을 내렸어요.

"농부가 주워온 돈은 200냥, 장사꾼이 잃어버렸다는 돈은 220냥이니 어찌 이것이 장사꾼의 주머니라 할 수 있겠느냐? 장사꾼은 220냥이 든 돈주머니를 주운 사람이 나타날 때까지 기다리고, 이 돈주머니는 임자가 나타나지 않으면 농부가 가지도록 하라."

장사꾼은 땅을 치고 후회했지만 이미 때는 늦었답니다.

농부는 주머니에 든 돈으로 행복하게 잘 살았답니다.

물에 빠져 허우적거리는 사람을 구해 줬는데, 보따리는 왜 건져 주지 않았냐고 도리어 트집을 잡는다면 정말 어이가 없겠지요? 이렇듯 은혜를 입고도 고마워하기는커녕 오히려 화를 낼 때 '물에 빠진 놈 건져 놓으니 보따리 내놓으라고 한다.'는 속담을 쓴답니다.

- ⊙ 〈방귀 뀐 놈이 성낸다.〉로 바꿔 쓸 수 있어요.
- ⊙ 〈도둑이 도리어 매를 든다.〉도 같은 뜻의 속담이에요. 고사성어로 적반하장(賊反荷杖)이라고 하지요.

25 믿는 도끼에 발등 찍힌다

믿고 있던 사람이 배반하여 오히려 해를 입는다.

 전설 호동 왕자와 낙랑 공주

고구려의 호동 왕자는 옥저로 사냥을 하러 나갔다가 적국인 낙랑의 왕 최리를 만나게 되었어요.

최리는 비록 적이었지만 호동 왕자의 늠름한 모습에 반해 자신의 나라에 초대를 했어요. 낙랑의 궁궐에서 호동은 호화로운 대접을 받았답니다. 그리고 최리의 딸인 낙랑 공주를 만나 첫눈에 반하였어요.

다시 고구려로 돌아간 호동 왕자는 아버지에게 말하였어요.

"낙랑 공주와 결혼하고 싶습니다."

"그건 아니 될 말이다. 적국의 공주와 결혼하겠다니!"

"낙랑 공주가 고구려 왕자의 아내가 될 자격이 있다는 것을 보여 드리겠습니다."

호동 왕자는 당장 낙랑 공주에게 편지를 썼어요.

나와 결혼하고 싶다면 자명고를 찢어 주시오.
공주가 반드시 그 일을 해낼 것이라 믿소.

편지를 받은 낙랑 공주는 깜짝 놀랐어요.

자명고는 적이 쳐들어오면 저절로 '둥둥' 소리를 내는 낙랑의 보물 같은 북이었거든요. 만약 자명고가 찢어진다면 적군이 낙랑에 쳐들어와도 알 수 없을 테지요.

'이를 어쩌지?'

한참을 고민하던 공주는 드디어 결심을 했어요.

그러고는 칼을 가지고 자명고가 있는 무기고로 갔지요.

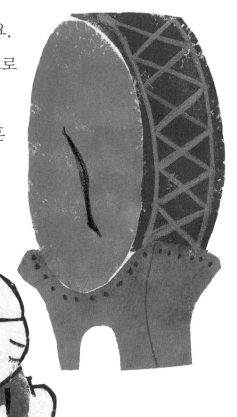

'아바마마께 죄송하지만, 호동 왕자님과 결혼하려면 할 수 없지!'

공주는 칼로 자명고를 북북 찢었어요.

소식을 들은 호동 왕자는 군사를 이끌고 낙랑으로 쳐들어갔어요.

"적군이 쳐들어온다!"

"고구려군이 쳐들어오고

있다!"

최리와 낙랑의 군사들은 깜짝 놀랐어요. 자명고가 울리지 않았기 때문에 어떤 준비도 할 수 없었거든요.

고구려군이 성문 앞까지 쳐들어왔어요.

"대체 누가 자명고를 찢었단 말인가! 서……설마……?"

공주가 자명고를 찢었다는 사실을 알게 된 최리는 절망했어요.

"믿는 도끼에 발등 찍힌다더니, 공주 네가 이럴 줄은 몰랐구나. 사랑에 눈이 멀어 이 아비와 나라를 배반하다니!"

낙랑 공주는 결국 아버지가 휘두른 칼에 맞아 죽고 말았답니다.

낙랑은 결국 고구려에 항복을 하고 말았어요. 하지만 공주가 죽었다는 사실을 안 호동 왕자는 하나도 기쁘지 않았어요. 평생 공주를 그리며 눈물로 세월을 보냈지요.

오랫동안 써 온 도끼를 실수로 떨어뜨려 발등을 찍었다면 아마 새로 산 도끼에 찍힌 것보다 더 아플 거예요. 손에 충분히 익은 도끼라 실수하지 않을 것이라 믿고 있다가 당한 일일 테니까요. 이렇듯 아무 걱정 없다고 굳게 믿고 있었던 일이 뜻밖에 실패했을 때나 누군가에게 배신 당했을 때 '믿는 도끼에 발등 찍힌다.'고 해요.

◉ 〈열 길 물 속은 알아도 한 길 사람 속은 모른다.〉는 속담도 비슷한 뜻을 가지고 있어요.

호동 왕자와 낙랑 공주

호동은 유리왕의 셋째 아들인 대무신왕의 둘째 부인에게서 태어났어요. 대무신왕은 그를 몹시 사랑해 '사랑하는 아이'라는 뜻의 호동이라는 이름을 지어 주었지요. 대무신왕이 고구려를 다스리던 시기는 여러 나라가 힘을 겨루며 영토를 확장하기 위해 전쟁을 계속하던 때였어요. 대무신왕은 가장 강력한 라이벌 국가였던 부여에 쳐들어가 왕을 죽이는 데 성공하지만 결국 패배하고 말았어요. 전쟁에는 졌지만 고구려는 힘을 잃지 않고 더욱 결속력을 다져 나간 결과 주변 다른 나라들을 정벌할 수 있었어요. 대무신왕은 이번엔 낙랑을 노렸고, 낙랑을 쉽게 무너뜨리기 위해 가장 사랑하는 아들 호동의 힘을 빌렸어요. 호동은 낙랑의 왕 최리를 만나 함께 낙랑으로 가서 공주와 사랑에 빠졌고 공주를 시켜 자명고를 찢게 했지요. 낙랑은 제대로 싸워 보지도 못한 채 항복하고 말았고, 5년 뒤에 결국 멸망하고 말았어요. 이 비극적인 사랑 이야기는 만화와 게임, 그리고 뮤지컬로도 만들어져 오늘날까지 큰 사랑을 받고 있답니다.

호동 왕자, 이후의 이야기

호동 왕자는 공주를 잃은 슬픔에 빠져 하루하루를 보냈지만, 낙랑을 정벌하는 데 성공하였기에 백성들의 인기를 한 몸에 받았어요. 그러자 왕비는 자신의 아들 해우가 왕위에 오르지 못할까봐 불안해졌어요. 호동 왕자는 왕비가 아닌 후궁에게서 태어난 왕자였거든요. 왕비는 계속해서 왕에게 호동 왕자를 모함하였고, 결국 왕은 모함의 내용이 사실인지 아닌지 확인해 보라고 일렀어요. 그러자 호동 왕자는 내가 죄 없음을 주장하면 어머니를 거짓말쟁이로 만드는 것이니 차마 그럴 수 없다며 스스로 목숨을 끊고 말았답니다.

바늘 도둑이 소도둑 된다

나쁜 행실일수록 점점 더 크고 심하게 되니
아예 나쁜 버릇은 길들이지 말라는 뜻.

26

역사 황희 정승의 큰절

황희 정승이 선비들과 함께 길을 가고 있었어요.

그러다 길가에 서 있는 나무 한 그루를 보자 갑자기 큰절을 올리는
게 아니겠어요?

"아니, 나으리. 사람도 아닌 나무에게 왜 큰절을 올리시는 겁니까?"

그러자 황희 정승이 웃으며 대답했어요.

"내가 어렸을 때 자주 나쁜 짓을 했다네. 그럴 때마다 부모님께서는
이 나무의 가지를 꺾어 내 종아리를 때리셨지. 바늘 도둑이 소도둑 될까
염려하시며 말일세. 결국 회초리 덕분에 삐뚤어지지 않고 잘 자랐으니

이 나무가 나를 가르친 것이 되지 않겠는가?"

그제야 선비들은 고개를 끄덕였어요.

"그렇군요. 나으리. 허허."

"이 나무가 없었더라면 아마 지금의 나도 없을 게야."

한편, 황희 정승의 아들이 노는 것에 빠져 공부를 게을리했어요.

황희 정승은 훈계도 해 보고 혼도 내 보았으나 아들은 점점 더 방탕해져서 밤늦게까지도 집에 돌아오지 않는 날이 많았답니다.

어느 날, 황희 정승은 집 밖으로 나와 아들을 기다렸어요.

그러다 새벽녘에 아들이 술에 잔뜩 취해 돌아오자 고개를 깊게 숙여 큰절을 했지요.

"어서 오십시오."

"아……아버지. 왜 이러십니까?"

아들은 깜짝 놀라서 땅에 엎드렸어요.

"나는 너를 자식으로 생각하는데, 너는 내 말을 듣지 않으니 나를 아버지로 생각하지 않는 것이 분명하다. 그러니 이제부터는 너를 손님으로 알고 이렇게 맞이하겠다."

아들은 황희 정승의 말을 듣고는 잘못을 뉘우치고 다시는 노는 데 정신을 팔지

않았다고 해요.

황희 정승은 바늘 도둑이 소도둑 된다는 말처럼 아들의 못된 버릇이 더욱 나빠질까 봐 꾀를 내어 아들을 혼내 준 것이지요.

어린 시절엔 재미로 작은 바늘을 훔쳤을지 몰라도 그 버릇을 잡아 주지 않는다면 커서는 소까지 훔치는 큰 도둑이 될 수 있어요. 좋지 못한 버릇일수록 점점 더 심해지기 때문이지요. '바늘 도둑이 소도둑 된다.'는 속담 속엔 고치려는 노력 없이 그냥 넘어가다 보면 그보다 더 큰 나쁜 일도 훗날엔 거리낌 없이 저지르게 된다는 교훈이 담겨 있어요.

- 〈개가 겨를 먹다가 말경에는 쌀을 먹는다.〉도 같은 뜻의 속담이에요. 개가 처음에는 사람이 못 먹는 겨를 훔쳐 먹다가 맛이 들면 나중에는 사람이 먹는 쌀까지 훔쳐 먹는다는 뜻이지요.
- 〈바늘 쌈지에서 도둑이 난다.〉로 바꿔 쓸 수 있어요.

조선의 명재상, 황희

황희(1363~1452)는 오늘날까지도 청백리*로 존경받는 조선 시대의 명재상*이에요. 고려에서 조선으로 왕조가 바뀌어 혼란했던 시절, 새 임금이 나아갈 방향을 잡아 주고 민심을 수습하며 24년이라는 세월 동안 벼슬 자리에 있었던 최장수 재상이기도 하지요.

태종 임금은 황희 정승을 어찌나 아꼈던지 병이 들자 궁궐의 의사인 내의를 보내 병을 치료하게 하고 아침저녁으로 안부를 물었어요. 게다가 병이 나았다는 소식을 듣자 병을 치료한 의사들에게 후한 상을 내렸답니다.

황희 정승은 몹시 가난하게 살았던 것으로도 유명하답니다. 비가 새는 초가에서 누더기 이불을 덮고 살았으며 방 안에는 책이 가득했다고 해요.

그에 반해 황희 정승의 아들은 일찌감치 벼슬길에 올라 출세하였는데, 새로 큰 집을 짓고 잔치를 벌였어요. 초대된 황희 정승은 잔치가 시작될 무렵 자리를 박차고 일어났어요.

"비 새는 집에서 나랏일을 살펴도 나라가 잘될지 의문인데 한 나라의 벼슬아치가 이렇게 호화롭게 집 안을 꾸며 놓고 뇌물로 배불리 먹고 마시는 것이 과연 옳은 일이냐? 나는 잠시도 이 자리에 앉아 있을 수가 없구나."

벼슬에 물러난 후, 황희 정승은 경기도 파주에 '반구정'이라는 정자를 짓고 여생을 보냈어요. '반구정'은 '갈매기들과 함께 여생을 보내기 위해 만든 정자'라는 뜻이지요.

* 청백리 : 재물에 대한 욕심이 없는 깨끗한 벼슬아치.
* 재상 : 임금을 돕고 모든 관원을 지휘하고 감독하는 일을 맡아보던 이품 이상의 벼슬.

27 바늘로 찔러도 피 한 방울 안 난다

지독한 구두쇠를 비유적으로 이르는 말.

 전래동화 **짠돌이 영감**

옛날 어느 마을에 짠돌이 영감이 살았어요.

이 짠돌이 영감은 얼마나 짰는지 부지런히 일해서 돈을 어마어마하게 벌었는데도 창고에 가득 쌓아 놓고 한 푼도 쓰질 않았답니다.

거지가 찾아오면 제 돈을 공짜로 얻으려 한다고 똥물을 부어서 내쫓고, 자기 자식들에게도 하루 두 끼, 겨우 굶지 않을 만큼만 먹게 했어요. 당연히 형편이 어려운 친척들이 찾아와도 한 푼도 꿔 주지 않았지요.

"바늘로 찔러도 피 한 방울 안 나올 영감 같으니라고!"

"저 영감은 찔러도 피는 안 나오고 소금만 나올걸?"

이웃 사람들이 아무리 욕을 해도 영감은 들은 척도 하지 않았지요.

영감의 짠돌이 짓은 날이 갈수록 지독해지기만 했어요.

자신이 세수를 한 물로 온 가족이 씻게 했고, 또 그 물로 걸레를 빨고 텃밭에 거름으로 주었어요.

돈을 모으고 모아 이제 창고의 돈이 배꼽 높이까지 가득 찼어요.

돈 모으는 재미로 짠돌이 영감은 신이 났지요.

그런데 어느 날부턴가 희한한 일이 벌어졌어요.

"이것 참, 대체 무슨 일이지? 등이 휘도록 일을 하고, 한 푼도 허투루 쓰는 일 없이 모으는데도 도무지 한 푼도 더 늘어나질 않으니……."

언제부턴가 물건을 팔아 백 냥을 모아 놓으면 갑자기 집이 부서지거나 해서 수리비로 꼭 백 냥이 그대로 나가버리기 일쑤였어요.

결국 짠돌이 영감은 그만 병이 나서 누워 버리고 말았어요.

"애고, 억울하다. 억울해. 돈을 아무리 아끼고 모아도 창고의 돈이 한 푼도 늘어나질 않으니 억울해서 못살겠다."

그러던 어느 날, 거지가 찾아왔어요.

"에잇. 어차피 더 모으지도 못할 거 써 버리자!"

영감은 다 포기하는 심정으로 거지에게 한 냥을 던져 주었어요.

아니, 그랬더니 마루 밑에서 예전에 잃어버렸던 한 냥이 덜렁 나오는 것이 아니겠어요?

또 다음 날은 이웃집에서 쌀이 떨어져 굶고 있다는 얘기를 듣고 포기하는 마음으로 두 냥을 빌려 주었어요.

그랬더니 신기하게도 또 어디선가 두 냥이 나오는 거예요.

또 그 다음 날, 영감은 큰마음을 먹고 돈 백 냥으로 근처 가난한 집에 골고루 나누어 주었어요. 그랬더니 이번엔 사또가 좋은 일을 했다며 상으로 돈 백 냥을 내렸어요. 그제야 영감은 깨달았답니다.

"돈이란 좋은 일에 써야 모이는 법이로구나. 그동안 내가 어리석었다."

그 다음부터 바늘로 찔러도 피 한 방울 안 난다던 영감은 어려운 사람들을 많이 도와주며 행복하게 살았답니다.

사람을 바늘로 찌르면 피가 나는 것은 당연하지요. '바늘로 찔러도 피 한 방울 안 난다.'는 것은 인정이 너무 없어 사람답지 않다는 뜻이에요. 대체로 지독한 구두쇠를 이르는 이 말은 매우 단단하고 야무지게 생긴 사람이나 빈틈이 없고 융통성이 없는 사람을 비유적으로 이르는 말로 쓰이기도 한답니다.

ⓗ 〈제 못 쓰는 것 남 주기 싫어한다.〉도 같은 뜻이에요. 구두쇠 같이 옹졸하고 몹시 인색한 사람의 행동을 비유적으로 이르는 말이지요.

28 발 없는 말이 천 리 간다

교과서 수록

소문은 빨리 전달되므로 말조심하라는 뜻.

설화 **서동요**

백제의 서동은 마를 캐서 팔며 홀어머니를 모시고 살고 있었어요. 가난했지만 성실하고 마음씨가 착했답니다.

어느 날 서동은 신라의 선화 공주가 몹시 아름답다는 소문을 들었어요.

'어떻게 하면 선화 공주와 결혼할 수 있을까?'

고민하던 서동은 아이들에게 노래 하나를 만들어 부르게 했어요.

선화 공주님은 서동과 결혼하고

밤마다 남몰래 만난답니다.

처녀인 공주가 이미 서동과 몰래
결혼하였다는 거짓말이 담긴 노래였
어요. 아이들은 이 마을 저 마을 놀러 다니면서
하루 종일 이 노래를 불러댔고, 발 없는 말이 천 리 간다
고 소문은 결국 궁궐에까지 퍼졌어요.

화가 난 임금님은 당장 공주를 내쫓았지요. 선화 공주는 어머
니가 몰래 챙겨 준 금비녀 한 개만 가지고 궁을 나와야 했어요.

"제가 공주님을 모시겠습니다."

오갈 데 없는 자신을 돕는 서동이 공주는 고맙기만 했어요.

자신에 대한 소문을 서동이 퍼뜨렸다는 사실은 꿈에도 모르고
요!

서동이 꿈에 그리던 대로 둘은 결혼을 해서 행복하게
지냈답니다.

그러던 어느 날, 공주의 금비녀를 본
서동이 물었어요.

"이게 대체 무엇이오? 내가 마를 캐던
곳에도 이렇게 누렇게 번쩍이는 게 널려
있었는데……."

"그게 정말이에요?"

그 말은 사실이었어요. 두 사람은 그
곳으로 가서 황금을 언덕 높이만큼 많이

캤답니다. 그리고 그 황금을 공주의 아버지이자 서동의 장인어른인 임금님께 가져다주었어요.

"공주야. 서동은 정말 대단한 사람이구나. 이제 서동을 사위로 인정하마."

"아바마마! 감사해요."

이렇게 해서 임금님께 인정을 받은 서동은 훗날 백제의 제30대 왕인 무왕이 되었어요. 왕이 된 후 서동은 선화 공주와 함께 오래오래 행복하게 살았다고 해요.

'리'는 거리의 단위로 1리는 약 0.4km예요. 그러니까 천 리는 약 400km로 아주 먼 거리지요. '발 없는 말이 천 리 간다.' 는 한 번 내뱉은 말이 비록 발은 없더라도 천 리 밖까지도 순식간에 퍼진다는 뜻이에요. 그러니 언제나 말은 신중하고 조심히 해야겠지요?

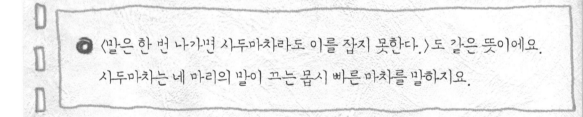

● 〈말은 한 번 나가면 사두마차라도 이를 잡지 못한다.〉도 같은 뜻이에요. 사두마차는 네 마리의 말이 끄는 몹시 빠른 마차를 말하지요.

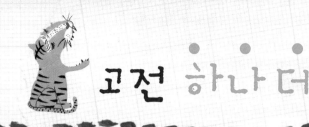

전래동화 혹부리 영감

옛날 어느 마을에 착한 혹부리 영감이 살고 있었어요.

어느 날 나무를 하러 간 혹부리 영감은 흥에 취해 노래를 부르다가 도깨비들을 만났답니다.

"아이고, 제발 목숨만 살려 주십시오."

"네 훌륭한 노랫소리는 어디서 나오는 것이냐?"

"제 노랫소리 말입니까? 그건 바로 이 혹에서 나오지요."

벌벌 떨던 영감은 그만 거짓말을 하고 말았어요.

도깨비들은 당장에 혹부리 영감의 혹을 떼어 가고 보답으로 보물이 가득 담긴 주머니를 주었어요. 감쪽같이 혹을 없앤데다가 부자가 된 혹부리 영감은 신이 났답니다.

발 없는 말이 천 리 간다고, 소문은 퍼지고 퍼져서 이웃마을 못된 혹부리 영감 귀에까지 들어가지 않았겠어요? 못된 혹부리 영감은 당장에 도깨비가 나온다는 산 속으로 들어갔지요. 이윽고 밤이 되자 도깨비들이 나타나서는,

"네 이놈! 너 참 잘 만났다. 혹에서 노랫소리가 나온다더니 전부 거짓말이었어! 이 혹까지 다 가져라!"

라고 하지 뭐예요? 얼른 자신의 얼굴을 만져 본 못된 혹부리 영감은 깜짝 놀랐답니다. 양쪽 볼에 커다란 혹 두 개가 붙어 있었으니까요.

"아이고, 혹 떼려다 혹 붙였네. 엉엉."

29 백지장도 맞들면 낫다

교과서 수록

아무리 쉬운 일이라도 혼자 하는 것보다
협력하여 하는 것이 훨씬 더 낫다.

전래동화 **팥죽 할멈과 호랑이**

교과서 수록

할머니가 땡볕 아래에서 팥 밭을 매고 있는데, 호랑이 한 마리가 나타났어요.

"어흥! 마침 출출하던 참인데 할멈을 잡아먹어야겠어!"

할머니는 벌벌 떨면서 빌었어요.

"내가 지금 죽으면 이 팥들은 아까워서 어쩌나요? 그러지 말고 겨울에 팥죽을 쑤어 줄 테니 그걸 먹고 그 다음에 날 잡아드세요."

"팥죽이라고?"

고것 참 군침이 도는 말이었어요.

"좋아. 그럼 그때 다시 오도록 하지."

가을이 되어 할머니는 잘 여문 팥을 거두었어요. 동지가 되자 할머니는 정성껏 팥죽을 쑤었지요. 하지만 마음은 근심으로 가득했어요.

"곧 나를 잡아먹으러 올 테지……."

팥죽을 쑤고 있자니 알밤이 떼굴떼굴 굴러오며 물었어요.

"왜 우세요, 할머니?"

"호랑이가 나를 잡아먹으러 온단다."

"팥죽 한 그릇 주시면 제가 호랑이를 혼내 줄게요!"

뾰족뾰족 송곳도 말했어요.

"팥죽 한 그릇 주시면 저도 호랑이를 혼내 줄게요!"

쇠똥도 말했어요.

"팥죽 한 그릇 주시면 저도 호랑이를 혼내 줄게요!"

맷돌도, 지게도, 멍석도 말했어요.

"팥죽 한 그릇 주시면 저희들도 호랑이를 혼내 줄게요!"

할머니는 팥죽 한 그릇씩을 떠 주며 흐뭇해했어요.

"너희들이 무슨 힘이 있겠냐만은, 마음만으로도 고맙구나."

"백지장도 맞들면 낫다잖아요? 걱정 마세요. 할머니."

밤이 되자 호랑이가 어슬렁어슬렁 나타났어요.

"아이고, 할멈. 왜 이리 춥지? 발이 꽁꽁 얼었어."

"동지라 그러지요. 아궁이로 가서 불을 쬐세요."

호랑이는 부엌으로 가서 아궁이 가까이 얼굴을 들이밀었어요.

그때였어요.

'톡!'

아궁이 속에 숨어 있던 뜨거워진 알밤이 튀어나와서 호랑이의 눈을 퍽 때렸답니다.

호랑이가 깜짝 놀라서 펄쩍 뛰어올랐어요.

그때 송곳이 날아와 호랑이의 엉덩이를 쿡 찔렀어요.

"아이고, 내 엉덩이!"

달아나려던 호랑이는 쇠똥을 밟고 찌익 미끄러지고 말았어요.

그때 찬장 위에 있던 맷돌이 호랑이 머리 위로 쿵 떨어졌지요.

안간힘을 쓰며 마당으로 기어 나오는 호랑이를 멍석이 둘둘 말았고 지게가 꼼짝 못하게 된 호랑이를 척 짊어지고는 바다로 가서 풍덩 빠트려 버렸어요.

"알밤아, 송곳아, 쇠똥아, 맷돌아, 멍석아, 지게야! 정말 고맙다, 고마워!"

그 후로 할머니는 오래오래 행복하게 살았답니다.

백지장은 흰 종이 한 장을 말해요. 가벼운 종이 한 장은 당연히 혼자서도 쉽게 들 수 있지요? 하지만 이 종이조차 여러 명이 같이 들면 더욱 가벼워질 거예요. 이렇듯 '백지장도 맞들면 낫다.'는 아무리 쉬운 일이어도 서로 힘을 합치면 더 쉽게 할 수 있다는 뜻이에요.

〈종이도 네 귀를 들어야 바르다.〉, 〈동냥자루도 마주 벌려야 들어간다.〉 도 같은 뜻이에요.

30 뿌린 대로 거둔다

모든 일은 정성 들인 만큼 결실을 맺게 되어 있다.

 전래동화 **흥부와 놀부**

옛날 옛적 어느 마을에 형제가 살고 있었는데, 형의 이름은 놀부, 동생의 이름은 흥부였어요. 욕심이 많은 놀부는 부모님이 많은 재물을 남겨놓고 돌아가시자 동생 흥부에겐 한 푼도 주지 않고 내쫓았어요.

흥부는 비록 내쫓겼지만 그래도 형을 원망하지는 않았어요.

하지만 흥부에겐 열두 명의 자식이 있었으니 살 길이 막막했지요.

어느 날, 흥부는 자신의 집 처마에 둥지를 틀고 사는 제비 한 마리가 바닥에 떨어져 있는 것을 보았어요.

"에구머니나! 얼마나 아플까!"

흥부는 제비를 정성껏 치료해 주었답니다.

다음 해 봄, 다시 돌아온 제비는 흥부에게 박씨를 물어다 주었어요.

"치료해 준 것에 대한 보답이로구나. 고맙다, 제비야!"

어느 덧 흥부네 지붕에 탐스러운 박이 주렁주렁 열렸지요.

"속은 파서 죽 끓여 먹고 겉은 바가지로 만들어 장에 내다 팔자꾸나!"

"좋아요, 아버지!"

흥부는 아내와 함께 슬근슬근 신나게 톱질을 했어요.

'펑!'

그런데 놀랍게도 박 안에서 온갖 금은보화가 쏟아져 나오는 것이 아니겠어요?

'슬근슬근 실겅실겅.'

'펑!'

또 다시 박을 타자 그 안에선 기와집이며 쌀이 쏟아져 나왔어요.

이 소식을 들은 놀부는 배가 아파서 견딜 수가 없었어요.

당장에 날아가는 제비 한 마리를 잡아서 다리를 똑 분지르고는 대충

치료를 해 주었지요.

다음 해, 제비는 놀부에게도 박씨를 물어다 주었어요.

씨를 심자 박이 주렁주렁 달렸지요. 놀부 부부는 얼른 톱질을 했어요.

'펑!'

그런데 금은보화는커녕, 첫 번째 박에서 쏟아져 나온 것은 냄새나는 오줌과 똥이었어요! 두 번째 박에서는 도깨비들이 나와서 놀부 부부를 실컷 혼내 주었답니다.

"뿌린 대로 거둔다더니 놀부네가 아주 폭삭 망했네그려!"

동네 사람들은 거지가 된 놀부 부부를 비웃었지만 흥부만은 형 내외를 집으로 모시고 가 따뜻하게 보살펴 주었어요.

결국 놀부 부부는 자신들의 잘못을 뉘우치고 흥부네와 오래도록 행복하게 살았답니다.

흥부는 비록 가난했지만 마음이 착해서 다친 제비의 다리를 고쳐 주고 복을 받아요. 하지만 놀부는 못된 심보로 하나뿐인 동생을 내쫓고 욕심을 부리다가 결국 벌을 받게 됩니다. 사람도 들판의 곡식처럼 모두 씨를 뿌린 만큼 거두게 마련이에요. 정성을 다해 씨를 뿌린다면 그만큼 결실을 맺게 된다는 사실, 잊지 마세요.

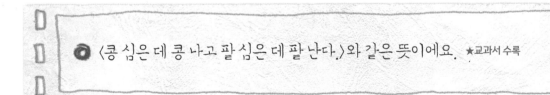

〈콩 심은 데 콩 나고 팥 심은 데 팥 난다.〉와 같은 뜻이에요. ★교과서 수록

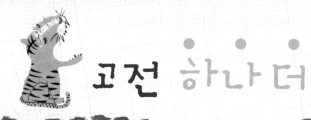

고전 하나더

탈무드 내가 던진 돌덩이

자기의 정원이 세상에서 가장 아름답다고 생각하는 집주인이 있었어요.

"랄랄라."

이 집주인은 콧노래를 부르며 하루 종일 정원을 가꾸었어요.

"오늘은 여기에 탐스러운 빨간 장미를 심어야지. 그런데 이 돌덩이는 뭐지?"

집주인은 얼굴을 찌푸렸어요.

"내 정원에 이런 못생긴 돌덩이라니. 당장 내다 버려야겠다."

집주인은 돌덩이를 발견할 때마다 대문 밖으로 던져 버렸어요.

"돌덩이들이 위험하니 좀 치워 주시오!"

이웃 사람들이 불평을 터트렸지만 집주인은 들은 척도 하지 않았어요.

그러던 어느 날이었어요.

"어이쿠!"

집주인은 그만 자신의 집 앞에서 넘어져 크게 다치고 말았어요.

돌덩이에 발이 걸린 것이었어요.

"뿌린 대로 거둔다더니 내가 버린 돌덩이에 내가 넘어지고 말았구나!"

그제야 집주인은 크게 후회했답니다.

31 서당개 삼 년이면 풍월을 읊는다

무슨 일이든 오래 보고 듣게 되면, 잘 몰랐던 것에 대해 자연스럽게 알게 된다.

전래동화 **가난한 아이의 과거 보기**

옛날 옛적에 서당도 못 다닐 만큼 가난한 아이가 살고 있었어요.

아이는 친구들이 서당에 다닐 동안 농사일과 허드렛일을 하느라 눈코 뜰 새 없이 바빴지요.

그런데 글공부는 또 어찌나 하고 싶은지 틈틈이 서당에 가서 문틈으로 몰래 글을 배웠답니다.

서당 개 삼 년이면 풍월을 읊는다고, 그렇게 눈치코치로 배운 글이 몇 년이 지나자 오히려 제대로 배운 친구들보다 나았어요.

그러다 친구들이 과거를 보러 한양에 간다는 말을 듣고 자신도 시험

한 번 보려고 따라 나섰지요.

하지만 한양 가는 길이 꽤 머니, 가는 길에 밥도 먹고 잠도 자야 할 텐데 아이는 돈이 한 푼도 없었답니다.

얻어먹는 것도 하루 이틀이지, 친구들은 심통이 잔뜩 났어요.

결국 아이를 골탕 먹이고 저희들끼리 한양에 가기로 말을 맞추었지요.

"이 가난뱅이야! 저기 길가 큰 집에 있는 커다란 배나무에서 배를 좀 따와라."

"저긴 너무 높아서 못 올라가."

"배를 따오지 않으면 한양에 널 데려가지 않을 거야!"

결국 아이는 벌벌 떨면서 배나무에 올랐어요.

"그럼 우린 먼저 갈 테니, 넌 돈이 생기걸랑 우릴 따라오고 아니면 오지 마라!"

"큭큭큭."

그 사이에 친구들은 이렇게 말하며 모조리 도망을 가 버렸지요.

배나무 위에서 친구들이 도망가는 것을 본 아이는 너무 서러워서 그만 엉엉 울고 말았어요.

한편, 이 집에 살고 있는 정승은 꿈을 꾸고 있었답니다.

커다란 용 한 마리가 저희 집 배나무에 올라가 있는 신기한 꿈이었지요.

"참 이상한 일이로다."

정승은 꿈에서 깨자마자 얼른 배나무로 가 보았어요.

그랬더니 아니나 다를까, 한 남자아이가 배나무 위에서 울고 있지 않겠어요? 자초지종을 들은 정승은 아이에게 돈을 잔뜩 주면서 얼른 가서 과거를 보라고 했어요.

"대신 과거에 급제하면 내 딸과 혼인하여라. 알겠느냐?"

"그리하겠습니다요."

그래서 어떻게 되었느냐고요?

다른 친구들은 시험에 죄다 떨어졌는데 이 가난한 아이만 떡하니 급제를 했지 뭐예요?

아이는 약속대로 정승의 딸과 결혼을 하였어요. 그리고 높은 벼슬에 올라 행복하게 살았답니다.

옛날에는 서당 훈장님께 공부를 배웠어요. 서당에서는 배운 것을 소리 높여 읽으며 외웠기 때문에 바깥까지 글을 외우는 소리가 들렸지요. '서당 개 삼 년이면 풍월을 읊는다.' 는 속담은 글 읽는 소리를 하도 들으니 서당에 있는 개까지도 외울 수 있을 정도라는 뜻이에요. 말을 할 수 없는 개도 시를 읊을 수 있는 것처럼 아무리 미련한 사람도 남이 하는 것을 보고 들으면 배우기 마련이라는 것이지요.

◉ 〈독서당 개가 맹자 왈 한다.〉도 같은 뜻이에요. 독서당은 서당을, 맹자 왈은 옛 책의 글귀를 말한답니다.

세 살 버릇 여든까지 간다

어릴 때 몸에 밴 버릇은 늙어 죽을 때까지
고치기 힘들다.

32

전래동화 사람으로 변한 들쥐

옛날 아주 먼 옛날, 매일 부모님께 회초리를 맞는 부잣집 도령이 살고
있었어요.

"왜 글공부를 게을리하는 것이냐?"

"또 손톱을 깎아서 아무 데나 버린 거냐?"

"잘못했습니다. 흑흑."

매일 혼이 나도 도령은 못된 버릇을 쉽게 고칠 수 없었어요.

결국 부모님은 도령을 깊은 산 속 절로 보내 스님에게 공부를 배우게
했답니다. 하루가 다르게 글재주도 늘고 철이 든 도령은 오랜만에 부모

님을 뵈러 집에 내려가기로 했어요.

그런데 세상에 이런 일이 있을 수 있나요?

"아버님! 어머님! 소자가 돌아왔습니다."

힘차게 대문을 밀고 마당으로 들어섰는데, 자기와 똑같이 생기고 똑같은 옷을 입은 사내아이가 서 있는 것이 아니겠어요?

"넌 누구냐?"

"난 이 집의 아들이다."

"내가 이 집의 아들이야!"

도령은 무척이나 억울했어요. 그때 소란스런 소리에 부모님이 나와선 똑같이 생긴 두 아들을 보곤 깜짝 놀랐어요. 하지만 부모님은 먼저 집에 온 도령을 자신의 아들이라고 철썩 같이 믿었지요.

"우리 아들은 여기 있는데 넌 대체 누구란 말이냐?"

"어머니, 아버지! 제가 진짜 아들입니다. 믿어 주세요."

"내가 진짜 아들이라니까? 당장 우리 집에서 나가!"

부모님이 믿어 주지 않는 것도 억울한데 가짜 도령이 진짜 도령에게 되레 큰소리니 진짜 도령은 억울해서 팔짝 뛸 것 같았어요.

결국 절로 다시 돌아온 도령은 스님에게 자초지종을 설명했어요.

"혹시 집으로 가기 전날, 손톱을 깎아 마루 밑에 버리지 않았더냐?"

"아니, 스님이 그걸 어떻게 아십니까?"

"쯧쯧. 그러지 말라고 그렇게 일렀거늘……. 아마도 들쥐가 손톱을 먹고 사람으로 변해 네 행세를 하고 있는 모양이로다."

도령은 스님이 알려 준 방법대로 고양이 한 마리를 가지고 다시 집으로 갔어요.

"이 가짜야! 우리 집에 왜 또 왔냐?"

으름장을 놓는 가짜 도령을 향해 도령은 고양이를 냅다 던져 주었지요.

"이야옹!"

"으악! 전 고양이가 제일 싫어요! 어머니! 아버지!"

고양이를 피해 달아나던 가짜는 순식간에 들쥐로 변해 버렸답니다.

"아, 아니. 네가 진짜 우리 아들이었단 말이냐?"

"몰라봐서 정말 미안하구나."

세 살 버릇 여든까지 간다는 말도 있지만, 도령은 그날부터 못된 버릇을 싹 고쳤고 과거에 급제하여 부모님께 효도하였답니다.

'세 살 버릇 여든까지 간다.'는 세 살 때 들인 버릇은 여든(80세)까지 그대로라는 뜻이에요. 즉, 어릴 때 몸에 밴 버릇은 늙어 죽을 때까지 고치기가 힘들다는 의미랍니다. 그러니 어릴 때부터 나쁜 버릇이 들지 않도록 올바른 생활 습관을 갖추어야겠죠?

🔘 〈어릴 적 버릇은 늙어서까지 간다.〉로 바꿔 쓸 수 있어요.

33 소 잃고 외양간 고친다 교과서 수록

일을 그르치고 난 뒤 뉘우쳐도 소용이 없다는 뜻.

이솝우화 **말과 당나귀**

무더운 여름날, 말과 당나귀가 주인과 함께 시장에 가고 있었어요.

등에는 무거운 짐이 잔뜩 실려 있었답니다.

"어이쿠, 무거워."

말보다 힘이 약한 당나귀는 땀을 뻘뻘 흘렸어요.

"말아. 내 짐을 좀 나눠 들어주지 않겠니? 더 이상은 걸을 힘이 없어."

"히히힝! 기가 막히는군."

말은 콧방귀를 뀌었어요.

"왜 내가 네 짐을 들어줘야 돼? 우리 등에 똑같은 무게의 짐이 실려 있는 거 몰라?"

"제……, 제발 부탁이야. 난 너보다 몸집도 더 작고 힘도 없잖아."

"쳇. 싫어! 싫다고!"

"더……, 더 이상은 힘들어……."

결국 얼마 가지 못하고 당나귀는 그 자리에 푹 쓰러져 버리고 말았답니다.

"아직 시장까진 한참을 더 걸어야 하는데 이를 어쩐다?"

난감해진 건 말과 당나귀의 주인이었어요.

등에 실려 있는 짐들을 오늘 시장에 내다 팔아야 했거든요.

"할 수 없군. 짐을 말의 등에 옮겨 실어야겠어."

주인은 당나귀의 짐뿐 아니라 쓰러진 당나귀까지 말의 등에 얹었어요.

아까보다 훨씬 무거워진 말은 눈물을 흘리며 후회했답니다.

"으히힝. 당나귀의 짐을 나눠 들어줄걸. 아까보다 훨씬 더 무거워졌잖아."

소 잃고 외양간 고친다는 말처럼, 말은 한참을 후회했지만 이미 때는 늦었답니다.

소를 잃어 놓고 뒤늦게 외양간을 고친다고 해서 잃어버린 소를 되찾을 수 있을까요? 게다가 이제 소는 없는데 더 이상 외양간이 무슨 소용일까요? 이렇듯 '소 잃고 외양간 고친다.'는 일을 당하고 나서 뉘우치는 것은 아무 소용이 없다는 뜻이에요.

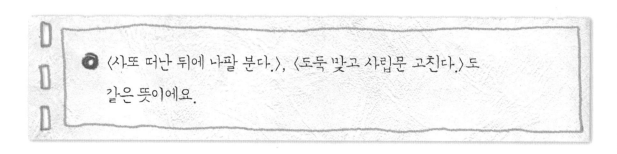

● 〈사또 떠난 뒤에 나팔 분다.〉, 〈도둑 맞고 사립문 고친다.〉도 같은 뜻이에요.

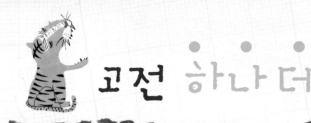

이솝우화 황금 알을 낳는 거위

한 농부가 시장에서 싼 값에 거위 한 마리를 사왔어요.

"아니, 이게 어떻게 된 일이지?"

그런데 다음 날 아침, 신기하게도 거위가 황금 알을 낳은 거예요.

다음 날에도 또 다음 날에도 거위는 황금 알을 한 알씩 낳았답니다.

가난했던 농부는 황금 알을 팔아 금세 부자가 되었어요.

그러자 농부에게 슬그머니 욕심이 생겼어요.

"황금 알을 하루에 하나씩 밖에 얻질 못하니, 이래서 언제 큰 부자가 되겠어?"

처음엔 거위에게 고마워하던 농부도 이젠 짜증을 내기 시작했어요.

"이 게으른 거위야! 하루에 두 알, 세 알씩은 왜 낳지 못하니?"

농부는 거위를 구박하기 시작했어요.

"뭐 좋은 방법이 없을까? 옳지!"

한참 고민하던 농부는 무릎을 '탁!' 치며 일어났지요. 농부는 거위를 잡아다가 배를 갈랐어요.

"거위 배 속에 황금 알이 가득 들어 있을 거야. 한꺼번에 모조리 꺼내야지!"

하지만 황금 알을 낳는 거위의 배 속은 다른 거위들과 다름이 없었답니다.

농부는 땅을 치며 후회했지만, 이미 거위는 죽어 버렸으니 소 잃고 외양간 고치는 것과 다름없었지요.

34 쇠뿔도 단김에 빼랬다

교과서 수록

어떤 일을 하려고 생각하였으면 망설이지 말고
곧 행동으로 옮기라는 뜻.

이솝우화 **해와 바람**

어느 날, 바람이 해를 찾아와 으스댔어요.

"네가 아무리 힘이 세다 한들 나를 이기진 못할걸? 나는 이 세상에서
가장 힘이 세다고!"

"그래?"

해는 웃기만 했어요.

"내가 한 번 콧바람을 불면 세상 모든 것들이 모조리 날아가 버리지.
다들 나한테 절절맨다고."

"그렇다면 우리 누가 더 힘이 센지 내기 한 번 해볼까?"

"내기라고? 내기라면 자신 있지!"

바람이 해를 비웃으며 말하였어요.

"쇠뿔도 단김에 빼랬다고, 지금 당장 내기를 하는 게 어때? 저기 들판을 걸어가는 나그네가 보이지?"

"응. 보이는구나."

"저 나그네의 외투를 먼저 벗기는 쪽이 이기는 것으로 하자."

"좋아!"

먼저 바람이 해보기로 했어요.

바람은 볼에 바람을 빵빵하게 불어 넣고, 단숨에 내뱉었지요.

'후후훅 훅훅.'

온 세상에 거센 바람이 불어 댔어요.

"어이쿠, 왜 이렇게 갑자기 바람이 불어 대지?"

나그네는 모자가 날아가지 않게 꼭 붙잡았어요.

'후후훅 훅훅.'

바람은 얼굴이 새빨갛게 달아오를 때까지 더 세게 바람을 불어 댔어요.

"이러다 외투가 날아가겠군! 조심해야겠어."

나그네는 옷깃을 더욱 강하게 여몄답니다.

"헥헥. 더 이상은 힘들어."

바람이 포기하자 이번엔 해가 나섰어요.

해는 힘을 주어 온 몸을 더 불타오르게 했어요.

'쨍쨍.'

해가 뜨겁게 내리쬐자 나그네는 손수건을 꺼내 이마의 땀을 닦았어요.

"오늘 날씨는 참 희한하구만. 어휴, 더워!"

해는 더더욱 온 몸에 힘을 주었지요.

나그네가 모자를 벗어 부채질을 하자, 해는 다시 한 번 있는 힘껏 빛을 내리 쪼았어요.

"이거 더워서 안되겠구만."

나그네는 결국 외투를 벗어 버렸답니다.

"바람아, 보았니? 힘이 세다고 잘난 체하면 안 돼."

바람은 부끄러워서 멀리멀리 달아나버렸답니다.

　　소의 뿔은 전통적으로 활이나 악기, 노리개 등을 만드는 데 쓰였어요. 그래서 소가 어느 정도 자라면 머리에 단단히 박힌 뿔을 뽑아야 했는데 그러려면 열을 가해서 잘 달군 다음 흐물흐물해졌을 때 순식간에 빼야만 했어요. 때를 놓치면 소만 아프게 하고 잘 빠지지 않거든요. 이렇듯 무슨 일이든 하려고 마음먹었으면 망설이지 말고 곧바로 해야 한다는 의미로 '쇠뿔도 단김에 빼랬다.'란 속담을 사용해요.

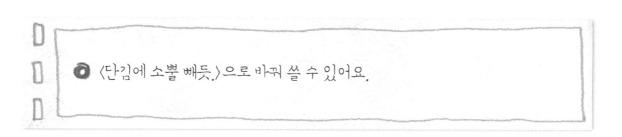

　●〈단김에 소뿔 빼듯.〉으로 바꿔 쓸 수 있어요.

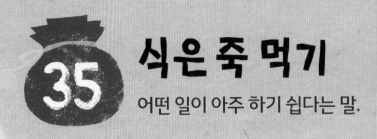

35 식은 죽 먹기

어떤 일이 아주 하기 쉽다는 말.

전래동화 **고집 센 할아버지와 할머니**

옛날 어느 마을에 할아버지, 할머니가 살고 있었어요.

이 둘은 평소엔 사이가 무척 좋았지만 둘 다 고집이 어마어마하게 세서 사소한 일이 자주 큰 싸움으로 번지곤 하였답니다.

어느 날, 이웃 마을에서 큰 잔치가 벌어져 할아버지, 할머니가 살고 있는 마을에까지 맛있는 시루떡을 돌렸어요.

둘은 떡을 방 한가운데 놓고 하나씩 맛있게 집어 먹었지요.

그러다 이제 마지막 한 개만 남았어요.

"이 떡을 얻은 건 다 내가 이웃 마을 아낙과 친한 덕이니 내가 먹어야겠어요."

"말도 안 돼! 나는 아까 아침을 당신보다 덜 먹었어. 그러니 이 떡은 내가 먹어야겠어!"

"그게 무슨 소리예요? 당신은 숭늉을 나보다 더 잡쉈잖아요?"

"누룽지는 당신이 더 먹었어!"

이렇게 해서 두 사람의 싸움이 커졌어요.

할머니는 도저히 양보할 수 없다는 듯이 떡을 보며 침을 꼴깍 삼키더니, 할아버지에게 말했어요.

"내게 좋은 수가 있어요!"

"그게 뭔데?"

"내기를 하는 거예요. 이긴 사람이 이 떡을 전부 차지하는 거지요."

"좋아! 그런데 무슨 내기를 하지?"

"말 안 하기 내기를 합시다. 먼저 말을 하는 사람이 지는 거예요."

"옳지! 그거라면 자신 있지."

고집 세기로는 둘째가라면 서러운 두 사람이었기 때문에 말을 안 하는 것쯤은 식은 죽 먹기였답니다.

드디어 내기가 시작되었어요.

두 사람은 마치 벙어리처럼 한 마디도 안하고 서로를 노려보았어요.

한 시간, 두 시간……. 시간은 자꾸 흘러서 밤이 되었어요.

두 사람은 꼼짝도 하지 않느라고 불도 켜지 않고 있었지요.

그런데 갑자기 방문이 덜컥 열리는 것이 아니겠어요?

다름 아닌 도둑이었어요.

도둑이 들었는데도 두 사람은 아무 말도 못하고 있었어요.

속으론 덜컥, 이를 어쩌나 싶었지만 말이에요.

"밤인데 불도 켜지 않고, 도둑이 들었는데도 아무 소리도 안 내다니?
이 노인들은 장님에 귀머거리가 분명하군."

신이 난 도둑은 방 안의 값비싼 물건들을 모조리 보따리에 넣었어요.

방 안의 모든 물건을 훔친 도둑은 콧노래까지 부르며 떠났답니다.

그제야 더 이상 화를 참을 수 없게 된 할머니가 소리를 질렀어요.

"이 망할 영감아! 당신 때문에 모조리 도둑 맞았잖아!"

그러자 할아버지가 떡을 집으며 신이 나서 말했답니다.

"내가 이겼으니 이 떡은 내 떡이오!"

뜨거운 죽은 너무 빨리 먹으면 혀를 델 수 있기 때문에 먹기가 쉽지 않아요. 하지만 이미 식은 죽은 뜨겁지도 않고 소화도 잘 되어 먹기가 쉽지요. 이렇듯 무슨 일을 힘들이지 않고 쉽게 할 때 '식은 죽 먹기.'라고 해요.

36 아니 땐 굴뚝에 연기 나랴

반드시 원인이 있어야 결과가 생긴다.

 전래동화 **복 타러 간 총각**

"난 왜 이리 복이 없을까?"

총각은 한숨을 푹 내쉬었어요. 부모 형제는 모두 일찍 돌아가셨지,

농사는 매해 망치고, 아무리 열심히 일해도 언제나 가난했거든요.

"내가 왜 이리 복이 없는지 서천 서역국으로 가서 물어봐야겠어!"

총각은 서둘러 길을 떠났어요.

날이 저물어 총각은 아리따운 처녀가 혼자 사는 집에 묵게 되었어요.

　"서천 서역국에 가신다고요? 그럼 저는 왜 이렇게 불행한지 물어봐 주세요. 모든 가족들이 병들어 죽고 저만 홀로 남았거든요."

　또 길을 가는데 총각은 울고 있는 할아버지를 만났어요.

　"서천 서역국에 간다고? 그럼 내 나무에 왜 꽃이 피지 않는지 이유를 좀 물어봐 주게. 정성껏 물을 주고 가꾸는데도 30년 동안 한 번도 꽃을 피우지 않았어."

　다시 길을 떠나 강을 건너는데 이무기 한 마리가 불쑥 나타났어요.

"서천 서역국에 간다지? 우리 이무기들은 천 년이 지나면 용이 되어 하늘로 오르는데 나는 삼천 년을 살았는데도 용이 되지 못했어. 이유를 좀 물어봐 다오."

드디어 총각은 서천 서역국에 도착했어요. 신선이 나타나 물었지요.

"총각은 왜 이 먼 길까지 온 건가?"

"궁금한 게 있어서 왔습니다. 왜 처녀는 그토록 불행하며, 이무기는 용이 되지 못하고, 할아버지의 나무는 꽃을 피우지 못하는 것입니까?"

"아니 땐 굴뚝에 연기 나지 않는 법이지. 모두 다 이유가 있어. 그 이무기는 욕심이 너무 많아서 여의주를 두 개나 가지고 있거든. 하나를 버리라고 해라. 나무에 꽃이 피지 않는 이유는 나무 밑에 황금이 묻혀 있어서 그렇지. 처녀는 혼자 살게 된 뒤 맨 처음 만난 남자와 혼인을 하면 행복해질 걸세."

"그럼 저는 왜 이렇게 복이 없는 걸까요?"

"자네는 그저 열심히 살면 다 복을 받을 것이니 돌아가게나."

궁금증을 해결한 총각은 왔던 길을 되돌아가기 시작했어요.

이무기를 만난 총각은 이무기에게 여의주를 하나 버리라고 했어요. 그대로 하자 이무기는 순식간에 용이 되었답니다.

"고마워! 내 등에 타렴. 강을 건너 내려 줄 테니까."

무사히 강을 건너 할아버지를 만난 총각은 함께 나무 밑을 파 보았지요.

그랬더니 정말로 커다란 황금 덩어리가 있는 것이 아니겠어요?

황금 덩어리를 파내자 나무에서는 금세 아름다운 꽃이 피어났어요.

"난 이 꽃만 있으면 됐네. 황금은 자네가 가지게!"

황금을 가지고 처녀네 집으로 간 총각이 말했어요.

"혼자 된 이후에 맨 처음 만난 남자와 결혼하면 불행이 끝날 거라고 했습니다."

"어머! 그건 바로 당신이에요!"

총각은 그래서 처녀와 결혼하였고, 오래오래 행복하게 살았답니다.

아궁이에 불을 피우지 않았는데 굴뚝에 연기가 날 수는 없겠지요? 반드시 불을 피워야 연기가 날 수 있는 것처럼 어떤 일이든 반드시 원인이 있어야 결과가 있을 거예요. 이것을 '아니 땐 굴뚝에 연기 나랴.' 라는 속담으로 표현한답니다.

● 〈아니 때린 장구 북소리 날까.〉, 〈뿌리 없는 나무에 잎이 필까.〉, 〈불 안 땐 굴뚝에 연기 날까.〉로 바꿔 쓸 수 있어요.

37 아닌 밤중에 홍두깨

예고도 없이 뜻밖의 일이 생겼을 때 하는 말.

전래동화 **냄새 맡은 값**

'꼬르륵 꼬르륵.'

나무를 다 팔고 나니 점심 때가 훌쩍 지나 있었어요.

'출출하구먼. 부인이 떡을 해 놓겠다고 했겠다? 흐흐.'

김 서방은 주린 배를 부여잡고 종종걸음으로 집으로 향했지요.

그때 구수한 냄새가 코를 찔렀어요.

'킁킁. 이건 국밥 냄새로구먼.'

자기도 모르게 김 서방의 발이 냄새가 나는 국밥집 앞으로 향했어요.

'아이고, 배고파. 저 국밥 한 그릇 뚝딱 했으면 좋겠네.'

　하지만 아침에 집을 나설 때, 아내가 떡을 해 놓고 기다리겠다며 일찍
오라고 신신당부하지 않았겠어요?

　김 서방은 아쉽게 발길을 돌렸지요.

　"이봐!"

　그때 누군가 김 서방을 불러 세웠어요. 얼굴에 심술이 덕지덕지 붙은
국밥집 주인이었어요.

　"예? 저 말씀입니까요?"

　"그래! 바로 당신! 돈을 내고 가야지 어딜 도망가는 거야?"

　"아니, 돈을 내라니요? 뭔가 착각하셨나 본데 저는 국밥을 먹지 않았
습니다."

"냄새를 맡았잖아? 냄새는 뭐 공짜인 줄 알아?"

아닌 밤중에 홍두깨도 아니고, 이게 대체 무슨 말일까요?

"세상천지에 냄새 값을 받는 사람이 어디 있단 말입니까?"

"어딨긴? 여기 있다, 이놈아! 얼른 돈 내놓지 못해?"

옥신각신하던 두 사람은 결국 사또에게 판결을 내려 달라고 찾아갔어

요.

'흠……. 어떻게 해결한다?'

사또는 잠시 고민하더니 이런 판결을 내렸답니다.

"이 일은 분명 김 서방이 잘못했도다!"

"예?"

김 서방의 얼굴이 파랗게 질렸어요.

"그럼 그렇지, 큭큭."

반대로 국밥집 주인은 무척이나 신이 난 표정이었지요.

"냄새를 맡았으면 돈을 내야지, 왜 내지 않았단 말이냐?"

"사또님, 억울합니다."

"어허! 내 판결을 거역하겠단 말인가?"

"그……그건 아니지만…….."

"그럼 당장 김서방은 주머니에서 돈을 꺼내서, 국밥집 주인의 귀에 짤랑거리는 돈 소리를 들려주도록 해라."

"예에?"

이건 또 무슨 소릴까요?

"먹지도 않은 냄새 맡은 값을 달라니 엽전의 소리만 들려주면 될 것이 아닌가?"

그제야 김 서방은 무릎을 탁 쳤어요.

그야말로 훌륭한 판결이었지요.

엽전을 꺼낸 김 서방은 울상이 된 국밥집 심술쟁이의 귀에 짤랑거리는 돈 소리를 실컷 들려주었답니다.

홍두깨는 빨아 놓은 옷감을 편편하게 다림질 할 때 쓰는 도구로, 나무 방망이 모양을 하고 있어요. 한밤중에 조용히 잠을 자고 있는데 누군가 갑자기 홍두깨를 두드리면 얼마나 깜짝 놀랄까요? 이처럼 갑자기 상상도 못한 일을 당하거나 엉뚱한 말을 해서 어리둥절할 때 '아닌 밤중에 홍두깨.'라고 말한답니다.

38 어물전 망신은 꼴뚜기가 시킨다

못난 사람일수록 그와 같이 있는 동료를
망신시킨다는 말.

세계명작 미운 오리 새끼

엄마 오리는 알을 품으며 귀여운 아기 오리들이 나오기를 기다리고
있었어요.

'파사삭 파사삭.'

마침내 알이 차례차례 갈라지더니 그토록 기다렸던 아기 오리들이
태어났어요.

하지만 가장 크고 못생긴 알은 아직 깨어날 생각을 하지 않았지요.

엄마 오리는 이상하다고 생각하며 계속해서 알을 품어 주었어요.

며칠이 지나고, 드디어 크고 못생긴 알도 깨지더니 막내 아기 오리가 태어났어요.

"어머나, 세상에!"

엄마 오리는 깜짝 놀랐어요.

귀여운 다른 오리들과 달리, 막내는 너무나 못생긴 거예요.

막내 아기 오리는 커 갈수록 다른 오리들에게 놀림을 받았어요.

"넌 왜 그렇게 크고 우락부락하게 생겼니?"

"어물전 망신은 꼴뚜기가 시킨다더니, 넌 우리 오리들의 망신이야!"

못생긴 아기 오리는 눈물을 흘렸어요.

'나는 왜 다른 형제들과 다르게 생긴 걸까? 나만 왜 이렇게 못난이로 태어난 걸까?'

어느 날, 아기 오리는 우아한 백조 떼가 하늘 높이 날아가는 것을 보았어요.

"정말 아름답구나. 나도 저 백조들처럼 아름다워졌으면!"

하지만 금세 고개를 절레절레 흔들었어요.

"말도 안 되는 욕심이야. 난 못생긴 아기 오리일 뿐인걸."

봄이 되었어요.

헤엄을 치는 새하얀 백조들을 보면서 오리는 또다시 슬퍼졌어요.

그런데 그때 호수에 비친 자신의 모습을 내려다 본 아기 오리는 깜짝 놀랐답니다.

너무나 아름다운 백조의 모습이 물에 비쳤거든요.

"내가 백조였다니!"

못생긴 아기 오리는 곱고 아름다운 날개를 펼쳤어요.

백조는 행복한 눈물을 흘렸답니다.

어물전이란 생선을 파는 가게를 말해요. 어물전에서도 대구, 도미, 갈치 같은 맛좋고 큰 생선들은 인기가 많지만, 꼴뚜기는 워낙 크기가 작아 먹을 것이 별로 없어 인기가 없지요. 그래서 꼴뚜기는 어물전에 어울리지 않고 못생겼다는 데에서 '어물전 망신은 꼴뚜기가 시킨다.'라는 속담이 생겼어요. 이렇듯 어리석은 사람 한 명이 주변의 다른 사람들까지 망신시킬 때, 이 속담을 사용하곤 하지요.

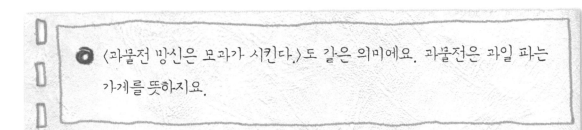

🔵 〈과물전 망신은 모과가 시킨다.〉도 같은 의미에요. 과물전은 과일 파는 가게를 뜻하지요.

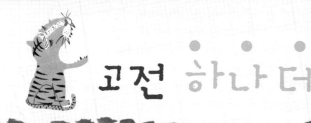

고전 하나 더

이솝우화 **허영심 많은 까마귀**

허영심 많고 우쭐대기 좋아하는 까마귀가 있었어요.

까마귀는 어느 날 공작 몇 마리가 흘리고 간 알록달록 색이 고운 깃털을 주웠어요.

"이것 참 아름답구나! 나도 이런 털이 있었으면!"

까마귀는 자기의 검은 털 사이 사이에 공작의 깃털을 꽂았답니다.

"나도 이제 공작처럼 아름다워졌어. 새카만 까마귀들과는 비교할 수도 없지!"

까마귀는 친구들을 비웃었어요.

그런 다음 공작의 무리로 가서 공작인 척을 했답니다.

하지만 공작새들은 까마귀가 공작인 척하는

것을 금세 알아채고 말았어요.

"우리 흉내를 내다니 용서 못 해!"

"혼내 주자!"

공작들은 부리로 까마귀의 몸에

붙은 자신들의 깃털을 뽑아내 버리곤 까마귀를 마구 쪼아 댔어요.

"아이고, 따가워!"

쫓겨난 까마귀는 울면서 다시 까마귀 무리로 돌아왔어요.

그러고는 슬그머니 까마귀 친구들과 예전처럼 어울리려고 했지요.

하지만 까마귀 친구들은 이미 허영심 많은 까마귀가 무슨 짓을 한지 다 알고 있었답니다.

"어물전 망신은 꼴뚜기가 시킨다더니, 네가 우리 까마귀 망신을 시키는구나!"

"당장 우리 무리에서 나가!"

무리에서 쫓겨난 까마귀는 결국 눈물을 흘리면서 후회했답니다.

39 열 번 찍어 아니 넘어가는 나무 없다

여러 번 계속해서 애쓰면 어떤 일이라도
이룰 수 있다.

세계명작 **노인과 바다**

산티아고는 멕시코 바다에 조각배를 띄우고 혼자 고기잡이를 하는 노인이에요.

하지만 벌써 고기를 한 마리도 못 잡은 날이 84일이나 계속 되었지요.

사람들은 노인을 '최악의 불행'을 뜻하는 '살라오'라고 불렀어요.

처음 40일은 한 소년이 노인의 배에 함께 탔어요. 소년은 노인을 존경했고 좋아했지만, 소년의 부모는 소년이 다른 배에 타길 바랬어요. 그래서 소년은 더 이상 노인과 함께 할 수 없었어요. 대신 소년은 노인의 식사를 챙겨 주고, 미끼로 쓸 정어리를 사다 주었으며 이야기 상대가 되어 주었답니다.

드디어 고기를 한 마리도 잡지 못한지 85일째 되는 날이었어요.

산티아고는 고기를 잡기 위해 먼 바다로 나갔어요.

"오늘은 무슨 일이 있어도 꼭 고기를 잡아야지."

바로 그때였어요. 마침내 아주 큰 물고기가 노인의 낚시 바늘을 물었어요. 그것은 노인이 오랫동안 꼭 한번 잡고 싶어 하던 큰 물고기였어요.

"그 애가 같이 있었으면 얼마나 좋았을까? 나를 도와주기도 하고 이 근사한 광경을 구경할 수도 있었을 텐데."

노인은 소년과 함께하지 못하는 것을 아쉬워했어요. 며칠 동안 사투를 벌였지만 물고기는 몹시 힘이 세서 쉽사리 끌려오지 않았어요.

노인은 그새 아무것도 먹질 못해 몹시 배가 고프고 추웠어요. 그리고 태양 아래서 끊임없이 물고기와 싸움을 하는 바람에 어질어질했지요. 손과 등은 긁혀서 피가 났어요.

며칠이 지나고, 결국 노인은 그 고기를 잡는 데 성공했어요. 고기는 노인의 조각배보다 세 배나 길었지요.

하지만 그것으로 끝이 아니었어요. 물고기의 피 냄새를 맡고 상어 떼들이 몰려 온 것이었어요.

이미 지칠 대로 지친 노인은 온 힘을 다해서 상어 떼들과 맞서 싸웠지만 결국 상어들은 노인이 잡은 고기의 살을 다 먹어치워 버렸어요.

이제 노인의 물고기는 앙상한 뼈만 남아 버렸어요. 집으로 돌아온 노인은 자신을 찾기 위해 해안 경비선과 비행기까지 출동했었단 사실을 알게 되었어요.

비록 물고기는 뼈만 남았지만 노인은 최선을 다했기 때문에 후회가 없었어요.

이웃 사람들은 아침에 배에 매어져 있는 거대한 물고기를 보면서 감탄했답니다.

"열 번 찍어 아니 넘어가는 나무 없다더니! 굉장한 고기야."

"그렇게 큰 놈은 지금껏 본 일이 없는걸!"

노인이 죽은 줄로만 알았던 소년은 눈물을 터뜨리고 말았어요.

"앞으로는 할아버지와 함께 배를 타겠어요. 전 할아버지에게 배우고 싶은 게 너무 많아요."

"그러려무나."

"먹을 것을 가져다 드릴게요."

"우선 눈을 좀 붙여야겠구나."

너무나 지친 노인은 깊은 잠에 빠져 들었어요. 소년은 꼼짝도 하지 않고 노인을 지켜보고 있었지요.

노인은 꿈에서 멋진 사자를 만났답니다.

아무리 큰 나무도 계속 도끼질을 하다 보면 결국에는 쓰러지고 말 거예요. 이처럼 꾸준히 노력하고 애쓰면 결국 자신이 원하는 바를 이룰 수 있고, 아무리 굳은 생각을 가진 사람이라고 해도 누군가의 말을 계속 듣다 보면 마음이 흔들리는 경우를 '열 번 찍어 아니 넘어가는 나무 없다.'라는 속담으로 표현해요.

고전 깊이 읽기

헤밍웨이의 〈노인과 바다〉

헤밍웨이는 1899년 7월 21일 미국 시카고에서 태어났어요. 아버지는 스포츠를 좋아하는 의사였고 어머니는 음악을 사랑했기에 헤밍웨이는 어릴 때부터 스포츠와 예술에 큰 관심을 보였어요. 고교 시절에는 풋볼 선수로 활약하면서 소설이나 시를 쓰기도 했지요.

고등학교를 졸업한 뒤에 그는 신문사 기자로 일하다가 세계 제1차 대전이 발발하자 군인으로 전쟁에 참가했어요. 이후 1936년엔 몹시도 사랑했던 나라 스페인에서 내전이 벌어졌고, 얼마 지나지 않아 또 다시 세계 제2차 대전이 발발했어요. 헤밍웨이는 이렇게 끔찍한 역사적 사건을 몸으로 겪으며 그 경험을 〈무기여, 잘 있거라.〉, 〈누구를 위하여 종을 울리나〉 등에 담았고 큰 인기를 끌었답니다.

전쟁이 끝난 후, 그는 아내와 함께 구입한 농장이 딸린 쿠바의 집으로 돌아가 그 곳에서 진지하게 작품을 쓰기 시작했어요. 이때 쓴 작품이 바로 〈노인과 바다〉예요. 이 소설은 세계 문학사에 깊이 남을 고전으로, 헤밍웨이의 가장 훌륭한 소설로 평가되고 있어요. 헤밍웨이는 이 소설로 1953년에는 퓰리처상을, 1954년에는 노벨문학상을 받았어요.

'살라오(최악의 불행)'라고 불리던 노인은 배의 길이보다 세 배나 큰 물고기를 잡는 데 성공하지만 결국 상어에게 고기를 모두 뜯어 먹히고 말아요. 하지만 노인은 최선을 다했기 때문에 자신이 결코 패배한 것이 아니라고 생각하지요. 작가는 이 소설을 통해 한 가지 일에 몰두하는 인간은 누구에게나 존경받을 수 있다는 교훈을 보여 주고 있어요.

40 오르지 못할 나무는 쳐다보지도 마라

될 수 없는 일은 바라지도 말라는 뜻.

전래동화 **황새의 재판**

어느 숲 속에 꾀꼬리와 뻐꾸기, 따오기가 살고 있었어요.

셋은 만나기만 하면 서로의 목청을 자랑하며 노래를 부르곤 했지요.

꾀꼬리는 꾀꼴꾀꼴, 뻐꾸기는 뻐꾹뻐꾹 참 듣기도 좋게 아름다운

목소리로 노래를 불렀어요.

"따옥따옥."

하지만 따오기의 목소리는 너무나 우렁차고 씩씩해서 듣는 이를 깜짝놀라게 했지요.

"따오기야! 넌 그 목소리로 노래를 부르고 싶니? 꾀꼴꾀꼴."

"숲 속 동물들이 다 괴로워하잖니? 뻐꾹뻐꾹."

"뭐, 뭐라고?"

자존심이 잔뜩 상한 따오기는 큰 소리로 말했어요.

"내 목소리가 어때서? 그럼 누구 목소리가 가장 좋은지 재판을 한 번 받아 보자고! 따옥따옥!"

"뭐? 재판이라고?"

"그래. 지혜롭고 공정한 황새님에게 재판을 받아서 누가 노래를 가장 잘하는지 판결을 내려 보자."

"오르지 못할 나무는 쳐다보지도 말랬어. 꾀꼴꾀꼴."

"괜히 우스운 꼴 당하지 말고 포기하렴. 뻐꾹뻐꾹."

"흥! 두고 봐! 내가 꼭 이기고 말 테니까!"

큰소리를 쳐 두긴 했지만 재판 전날이 되자 따오기는 걱정이 이만저만이 아니었어요. 자기가 생각해도 자신의 목소리는 아름다움과는 거리가 멀었거든요. 따오기는 온갖 먹이들이 가득 담긴 항아리를 가지고 황새를 찾아갔지요.

"황새님. 부탁드릴 일이 있습니다. 내일 저와 꾀꼬리, 뻐꾸기가 노래 시합을 벌이기로 하였는데 그때 제 손을 들어주셨으면 합니다."

"옳지! 그거야 쉽지!"

황새는 먹이 항아리를 보더니 눈이 휘둥그레져서 말했어요.

다음 날, 재판이 시작되었어요.

꾀꼬리는 꾀꼴꾀꼴 아름다운 목소리로 노래를 불렀어요. 하지만 황새는 고개를 절레절레 흔들더니 말하였지요.

"꾀꼬리는 목소리가 아름답기는 하나 너무 가벼우니 어디 쓸데가 없구나!"

뻐꾸기도 뻐꾹뻐꾹 고운 목소리로 노래를 불렀어요. 이번에도 황새는 고개를 절레절레 흔들었어요.

"뻐꾸기의 목소리는 곱기는 하나 너무 슬프게 들린다."

드디어 따오기 차례가 되었어요. 따오기는 따옥따옥 듣기 싫은 목소리로 노래를 불렀답니다. 하지만 황새는 무릎을 탁 치며 말했어요.

"옳거니! 바로 저 목소리가 최고구나! 따오기 네 목소리는 참으로 우렁차고 씩씩해서 좋다. 따오기 네가 이겼다!"

모두들 고개를 갸우뚱했지만 재판관 황새가 그렇다는데야 뭐 할 수 있나요? 꾀꼬리와 뻐꾸기는 분통이 터졌지만, 그대로 되돌아갈 수밖에 없었답니다.

하지만 그 날 이후로도 꾀꼬리, 뻐꾸기, 따오기의 노래 시합은 쭉 계속 되고 있다고 하네요.

꾀꼬리와 뻐꾸기가 노래를 못 부르는 따오기를 얕잡아 보면서 '오르지 못할 나무는 쳐다보지도 마라.'고 말하네요. 이렇듯 '오르지 못할 나무는 쳐다보지도 마라.'는 속담은 될 수 없는 일은 바라지도 말라는 뜻이랍니다. 결국 시합에 이기기 위해 황새에게 뇌물을 준 따오기는 아마 오래오래 부끄러웠을 거예요. 하지만 따오기와 달리 열심히 노력한다면 아마 오르지 못할 나무는 하나도 없을 거예요.

울며 겨자 먹기

41

싫은 일을 좋은 척하고 억지로 하지 않을 수 없는
경우를 나타내는 말.

전래동화 **큰 무와 송아지**

옛날 옛적 어느 마을에 착한 농부가 착한 아내와 오순도순 행복하게
살고 있었어요.

농부는 아내와 여름 내내 밭에서 열심히 일하였지요.

드디어 가을이 되어 무를 수확하는 날이 되었어요.

"여보, 올해 무 농사는 정말 풍년이구려."

"이 무 좀 봐요. 엄청 크고 달아 보이지요?"

땅에서 쑥쑥 무를 뽑아 올릴 때마다 두 사람의 입가에 함박웃음이 떠
나질 않았답니다.

그런데 그때였어요.

"어랏? 이 무는 왜 안 뽑히지?"

"무슨 일이에요?"

"아무리 힘을 주어도 이 무가 뽑히질 않아요. 끙끙."

부부가 용을 쓰는 모습을 보고 마을 사람들이 하나둘 모여들었어요.
그러곤 다 함께 무를 뽑기 위해 안간힘을 썼지요.

"영차! 영차! 영차!"

온 마을 사람들이 하루 종일 고생한 끝에 드디어 땅에서 무가 뽑혀져
나왔어요.

"에구머니나! 세상에!"

"이렇게 큰 무는 난생처음 봐요!"

놀랍게도 무의 크기는 송아지만 했답니다.

"이 무를 사또님께 바쳐야겠어."

"좋아요, 좋아. 우리가 이렇게 큰 무를 수확한 것도 다 사또님 덕분이니까요."

착한 농부가 말하자 착한 아내가 맞장구를 쳤어요.

농부는 얼른 무를 가지고 사또를 찾아갔지요.

"참으로 기특한 농부로다. 뭔가 상을 내리고 싶은데……. 여봐라! 농부에게 무슨 상을 내리면 좋겠는가?"

"예. 사또. 얼마 전 저 무와 크기가 비슷한 송아지가 선물로 들어왔사옵니다."

"오, 그렇다면 그 송아지를 이 농부에게 내주도록 하게나."

이 소식은 재빨리 마을 곳곳에 퍼졌어요.

이웃에 사는 욕심 많은 농부는 이 소식을 듣고 배가 아파 견딜 수가 없었지요.

"아이고, 배야. 아이고, 배야."

그러고는 자신도 사또에게 상 받을 방법을 궁리하기 시작했어요.

"옳지! 무를 바치고 송아지를 얻었으니, 송아지를 바치면 더 큰 상을 내리시겠지? 아마 커다란 기와집이나 금은보화를 내리실 게 분명해!"

욕심 많은 농부는 얼른 송아지를 끌고 사또에게 갔어요.

"오호. 이 귀한 송아지를 내게 선물로 주다니 참으로 기특한지고. 여봐라! 이 기특한 농부에게 상으로 줄 만한 것이 없겠는가?"

"예, 사또. 며칠 전에 들어온 큰 무가 있사옵니다."

"옳거니! 이 착한 농부에게 그 무를 상으로 내리도록 하라!"

욕심 많은 농부는 결국 송아지를 바치고 큰 무를 받아 울며 겨자 먹기로 관아를 나설 수밖에 없었어요.

"아이고, 내 욕심 때문에 송아지를 무로 바꾸었구나! 이를 어쩔꼬!"

겨자는 겨자씨로 만드는 노란색 양념이에요. 몹시 매워서 조금만 먹어도 코가 싸해지는 느낌을 받을 수 있지요. 이런 겨자를 억지로 먹어야 한다면 아마 매워서 눈물이 나오고 말 거예요. 이렇듯 싫은 일을 억지로 마지못해 하는 것을 '울며 겨자 먹기.' 라고 하지요.

42

자라 보고 놀란 가슴 솥뚜껑 보고 놀란다

어떤 사물에 몹시 놀란 사람은 비슷한 사물만
보아도 겁을 냄을 이르는 말.

 전래동화 **호랑이와 밤송이 형님** 교과서 수록

뭐든 닥치는 대로 먹는 뚱뚱한 호랑이가 살고 있었어요. 호랑이는 늘
배가 고파서, 눈에 보이는 거라면 뭐든 잡아먹었답니다.

그러던 어느 날이었어요.

낮잠을 자고 일어난 호랑이는 몹시 배가 고팠지요.

'꼬르륵 꼬르륵.'

"뭐 먹을 거 없나?"

먹이를 찾아 어슬렁거리던 호랑이의 눈에 동그랗고 작은 것이 꿈틀꿈
틀 기어가는 것이 보였어요.

"저건 못 보던 먹이인데? 맛이 어떨까?"

호랑이는 그 동그랗고 작은 것을 덥석 집었어요.

"앗, 따가워!"

그건 바로 고슴도치였던 거예요.

깜짝 놀란 고슴도치는 있는 힘껏 가시를 뻗었고, 호랑이의 손바닥엔 굵고 긴 가시가 콕콕 박혔어요.

"아얏! 손에서 불이 나는 것 같아!"

호랑이는 냅다 냇가로 뛰었어요.

차가운 물로 열을 좀 식힌 호랑이는 손에 박힌 가시들을 빼내기 시작했어요.

한 개 빼고,

"애고, 따가워!"

두 개 빼고,

"애고고, 따가워!"

세 개 빼고,

"애고고고, 호랑이 죽는다!"

눈물까지 찔끔, 호랑이 체면이 말이 아니었지요.

드디어 모든 가시를 다 뺀 호랑이는 그 자리에 쭉 뻗어 버렸어요.

긴장이 풀리자 잠이 솔솔 왔지요.

그때였어요.

'툭!'

‘툭, 툭!’

‘툭, 툭, 툭!’

나무에서 호랑이의 얼굴로 뭔가 자꾸 떨어졌어요.

벌떡 일어난 호랑이가 깜짝 놀라 보니 그건 가시 달린 조그만 고슴도
치들이 아니겠어요?

‘이크! 내게 복수하려나 보다!’

호랑이는 납작 엎드려 두 손 모아 빌었어요.

"고슴도치 형님! 용서해 주세요. 다신 안 그럴게요. 제발 목숨만 살려 주세요."

하지만 고슴도치는 아무 말도 하지 않았어요.

"정말 화가 많이 나셨군요? 아이고, 형님. 그래도 너그러운 마음으로 제발 한 번만 용서해주세요. 네?"

사실 나무에서 떨어진 건 고슴도치가 아니라 밤송이들이었답니다.

자라 보고 놀란 가슴 솥뚜껑 보고 놀란다고, 호랑이는 그 사실도 모른 채 해가 저물 때까지 밤송이에게 빌고 또 빌었답니다.

갑자기 나타난 자라를 보고 깜짝 놀란 사람이, 자라의 등껍질처럼 크고 둥글고 단단한 솥뚜껑을 보고 다시 한 번 놀랐대요. 이처럼 무엇에 놀라면 그와 비슷한 것만 보아도 겁이 난다는 것을 '자라 보고 놀란 가슴 솥뚜껑 보고 놀란다.'는 속담으로 표현한답니다. 어떤 일에 한 번 혼이 나면 그와 비슷한 것만 보아도 공연히 겁을 낸다는 것이지요.

● 〈국에 덴 놈 냉수 보고도 놀란다.〉, 〈몹시 데면 회도 불어 먹는다.〉로 바꿔 쓸 수 있어요.

43 자랄 나무는 떡잎부터 알아본다

앞으로 크게 될 사람은 어려서부터 장래성이 엿보인다는 말.

 신화 **고주몽 신화**

하늘을 다스리는 천제의 아들 해모수가 물의 신인 하백의 딸 유화에게 한눈에 반했어요. 둘은 사랑했지만, 그 사실을 안 유화의 아버지 하백은 유화를 인간 세상으로 내쫓았답니다.

한편 부여를 다스리는 금와왕은 신하들과 함께 사냥을 하다가 연못에 홀로 앉아 있는 유화를 발견했어요. 한눈에 유화가 보통 인간이 아님을 알아본 금와왕은 유화를 자신의 궁전으로 데리고 갔어요.

햇볕이 잘 드는 방에서 머무르던 유화는 자기도 모르는 사이에 그만 아기를 갖게 되었답니다.

몇 달 후 유화가 낳은 아이를 본 사람들은 깜짝 놀랐어요.

유화가 낳은 것은 아기가 아니라 하얀 알이었어요.

"참으로 해괴한 일이로다. 당장 그 알을 내다 버려라!"

하지만 동물들도 버려진 알을 귀하게 여겨 함부로 하지 않자 금와왕은 결국 알을 유화에게 돌려 주었어요.

며칠 후 알을 깨고 남자아이가 태어났어요.

아이는 태어난 지 한 달도 안 돼 말을 하기 시작했고, 한 번 글을 읽으면 절대로 잊는 법이 없었어요.

커서는 활쏘기를 잘해서 금와왕과 신하들은 그에게 '활을 잘 쏘는 사람'이라는 뜻의 '주몽'이라는 이름을 붙여 주었어요.

"자랄 나무는 떡잎부터 알아본다더니, 주몽은 앞으로 크게 될 거야."

아버지가 흐뭇하게 주몽을 바라보는 것을 질투한 금와왕의 일곱 왕자

는 모험을 하기 시작했어요.

"아버지! 주몽은 자신의 재주가 뛰어나다 해서 우리들을 무시하고 자신이 이 나라의 왕이 될 거라고 떠들고 다닙니다."

"분명 아버지마저 해치려 들 것입니다."

금와왕은 일곱 왕자의 거짓말을 믿고 주몽에게 마구간에서 말을 돌보는 일을 하라고 명령했지요.

주몽은 마구간에 있는 말 중 가장 훌륭한 말을 골라서 그 날부터 먹이를 주지 않았어요. 말은 하루가 다르게 비실비실 말라 갔지요.

얼마 뒤, 마구간을 찾아온 금와왕은 주몽에게 가장 말라 보이는 말을 선물로 주었어요.

주몽이 그날부터 다시 말을 잘 돌보아 주었더니 금세 튼튼한 말이 되었지요.

드디어 때가 되었다고 생각한 주몽은 어머니 유화에게 말하였어요.

"어머니. 저는 이만 떠나겠습니다."

"어딜 가든 네가 천자의 자손임을 잊지 말도록 해라."

인사를 마친 주몽은 명마를 타고 오이, 마리, 협보라는 믿음직한 신하를 데리고 궁궐을 빠져 나갔어요. 뒤늦게 이 사실을 안 일곱 왕자가 주몽 일행을 쫓아왔지요.

한참을 달리던 주몽은 큰 강을 만났어요.

그런데 놀랍게도 물에 사는 고기와 자라들이 물 위로 떠올라 다리를 놓아주는 것이 아니겠어요?

무사히 강을 건넌 주몽은 졸본에 이르러 도읍을 정하고 나라 이름을 고구려라 정하였어요.

이때 그의 나이는 겨우 열두 살이었다고 해요.

씨앗에서 움이 트면서 맨 처음 나오는 잎을 '떡잎'이라고 해요. 식물은 떡잎이 크고 튼튼하면 잘 자랄 것이라 예측할 수 있대요. 그것처럼 어린 아이도 하는 행동을 보면 커서 어떤 사람이 될지 짐작해 볼 수 있지요. 이렇듯 자라서 크게 될 사람은 어릴 적부터 다르다는 의미로 '자랄 나무는 떡잎부터 알아본다.'는 속담을 쓴답니다.

- 〈나무 될 것은 떡잎 때부터 알아본다.〉, 〈열매 될 꽃은 첫 삼월부터 안다.〉로 바꿔 쓸 수 있어요.
- 〈하나를 보면 열을 안다.〉로도 바꿔 쓸 수 있어요. ★교과서수록
- 〈푸성귀는 떡잎부터 알고 사람은 어렸을 때부터 안다.〉로 바꿔 쓸 수 있어요.

작은 고추가 더 맵다

겉모양으로는 작고 대수롭지 않아 보이지만
야무지고 다부지다.

역사 **을지문덕과 살수대첩**

수나라의 황제가 병사들을 이끌고 고구려로 쳐들어왔어요. 엄청난 수
나라 군사와 맞서 싸워야 하는 을지문덕 장군은 큰 고민에 빠졌어요.

"엄청난 수나라 군대와 싸워 이길 방법이 없을까?"

곧 을지문덕은 장수들을 불러 모았지요.

"수나라 군사들은 우리 고구려의 지리를 잘 모를 것이다. 군사들의 수
에서 불리한 우리가 고구려의 지리를 잘만 이용한다면 크게 이길 수 있
을 것이다!"

"명령만 내려주십시오."

"미리 살수라는 강의 상류에 둑을 쌓아 두어라!"

을지문덕의 명령에 군사들은 살수로 가서 튼튼하게 둑을 쌓았어요. 둑 때문에 물길이 막혀 살수는 강바닥을 드러냈지요. 둑을 모두 쌓은 다음엔 거짓 항복을 해서 물러나는 척을 했어요. 고구려 군이 항복을 했다는 소식에 수나라 군사들은 안심을 하고 철수를 하기 시작했어요.

그때였어요.

"앗! 고구려 군이 쫓아오고 있다!"

후퇴를 하던 수나라 군사들 뒤로 고구려 군이 모습을 드러낸 거예요.

이미 전투가 끝났다고 생각해 긴장이 풀어진 수나라 군사들은 우왕좌왕 도망가기에 바빴지요.

"한 놈도 살려 보내면 안 된다! 작은 고추가 더 맵다는 사실을 그들에게 보여주자!"

을지문덕은 군사들에게 소리쳤어요. 수나라 군사들은 도망을 치다가 겨우겨우 살수 근처에 이르렀어요.

"살수만 건너면 고구려군의 공격을 피할 수 있다! 서둘러라!"

수나라 군사들은 앞 다투어 강물이 말라붙은 살수로 향했어요. 그때, 불화살 한 대가 하늘로 치솟았지요.

"을지문덕 장군의 신호가 왔다!"

"지금이다! 둑을 터뜨려라!"

상류 쪽에서 기다리던 고구려 군사들은 살수의 물을 막고 있던 둑을 터뜨렸어요.

'쏴아!'

'콸콸콸!'

막혔던 물줄기가 힘차게 하류로 흘러갔어요. 순식간에 강물이 불어났지요.

"어푸어푸! 사람 살려!"

거센 물살 속에 수십만 명의 수나라 군사들은 물에 빠져 죽고 말았어요. 고구려는 이 살수대첩에서 큰 승리를 거두었지요.

"만세! 우리 고구려의 승리다!"

"모두 을지문덕 장군님 덕분이다! 장군님 만세!"

고구려 군사들은 승리의 기쁨으로 환호성을 질렀어요. 수나라의 수십만 대군 중에서 살수에서 살아남아 자기 나라로 돌아간 군사는 겨우 이천여 명뿐이었어요.

수많은 군사를 잃은 수나라의 황제는 결국 항복을 선언하고 수나라로 돌아가 버리고 말았고 이 커다란 승리로 고구려는 그 어떤 나라도 넘볼 수 없는 힘센 나라가 되었답니다.

거대한 수나라의 군사에 맞서 작은 나라인 고구려가 크게 승리를 했어요. 이렇게 겉으로 약해 보이는 사람이 더 다부지게 일을 잘할 때 작은 고추가 맵다고 하지요. 일반적으로 고추는 크기가 작을수록 고추의 매운 성분을 내는 캡사이신이 많대요. 그래서 풋고추보다 크기가 작은 청양 고추가, 청양 고추보다 크기가 더 작은 쥐똥 고추가 훨씬 더 맵지요. 그러니 고추든 사람이든 겉모습만 가지고 판단하면 안 되겠지요?

을지문덕, 우중문에게 시를 보내다

을지문덕은 군사들에게 살수에 튼튼한 둑을 쌓으라고 명령한 뒤, 수나라의 우중문에게 한 통의 편지를 보냈어요.

그대의 신통한 작전은 하늘의 이치를 다했고
그대의 기묘한 계략은 땅의 도리를 다했도다.
이미 몇 차례의 전쟁에 이겨서 그 공이 높으니
이제 만족할 줄 알고 돌아가는 것이 어떠한가?

그만하면 됐으니, 크게 혼나고 싶지 않으면 수나라로 돌아가라는 내용이었지요. 자신을 놀리는 시를 읽은 우중문은 화가 나서 편지를 구겨 버렸어요. 그리고 그제야 을지문덕의 계략에 빠졌다는 사실을 알아챘지만 때는 이미 늦었지요.

을지문덕은 누구인가?

을지문덕은 언제 태어났고 죽었는지, 어떤 어린 시절을 보냈는지 전혀 기록에 남아 있지 않아요. 다만 〈삼국유사〉에는 살수대첩에서 보인 그의 비범한 모습이 자세히 실려 있답니다. 을지문덕은 수나라의 군대를 맞이하면서도 전혀 겁내지 않을 만큼 침착하고 대범한 성격이었어요. 을지문덕 덕분에 고구려는 그 어떤 나라도 넘볼 수 없는 힘센 나라가 되었어요. 이 같은 훌륭한 업적은 역사에 길이길이 남아 빛나고 있답니다.

45 재주는 곰이 넘고
돈은 주인이 받는다

수고하는 사람은 따로 있고 그 일에 대한 대가는
다른 사람이 받는다.

 이솝우화 사자와 곰과 여우

아기 사슴 한 마리가 깡충거리며 뛰어다니고 있었어요.

사슴은 숲 속에 얼마나 무서운 동물들이 살고 있는지 몰랐답니다.

"마침 배가 고픈데 너 참 잘 만났다!"

이때, 곰 한 마리가 나타났어요.

"어머나!"

아기 사슴은 그만 기절하고 말았어요.

쓰러진 아기 사슴을 보며 곰은 입맛을 쩝쩝 다셨어요.

"오늘 점심은 배부르게 먹을 수 있겠구나."

이때 어디선가 사자 한 마리가 나타났어요.

"그 먹이를 내게 내놓으시지?"

"뭐라고?"

"그 사슴은 멀리서부터

내가 찍어 둔 거야."

사자의 억지에 곰은 화가 나기 시작했어요.

"웃기지 마. 이 사슴을 기절시킨 건 나라고!"

결국 곰과 사자의 싸움이 시작되었어요. 하지만 쉽게 승부가 날 것 같지는 않았지요.

"빨리 아기 사슴을 포기해!"

"흥, 누가 할 소리!"

엎치락뒤치락 싸우는 동안 곰과 사자는 점점 지쳐갔어요.

"헥헥. 아이고 힘들다."

"잠시 쉬었다 싸우자."

곰과 사자는 그만 힘이 다 빠져서 쓰러져 버리고 말았답니다.

하지만 둘이 꿈에도 모르는 사실이 있었어요.

바로 둘의 싸움을 엿보던 여우 한 마리가 있다는 것이었지요.

"옳지, 이때다!"

꾀 많은 여우는 나무 뒤에서 지켜보고 있다가 곰과 사자가 지쳐 쓰러져 버리자 얼른 나타났어요. 아무도 없는 줄 알았던 곰과 사자는 깜짝 놀라, 눈이 동그래졌어요.

"바보 같은 것들. 싸우는 데 정신 팔려서 내가 있는 것도 모르다니. 이사슴은 내가 맛있게 먹을게!"

그리고는 아기 사슴을 덥석 물고는 유유히 숲속으로 사라져 버렸답니다.

그 모습을 보면서도 힘이 다 빠진 사자와 곰은 움직일 힘조차 남아 있지 않았어요.

"재주는 곰이 넘고 돈은 주인이 받는다더니."

"우리가 저 얌체 여우만 좋은 일을 시켰구나!"

고생은 곰과 사자가 다 했는데 결국 아기 사슴을 얻은 것은 꾀 많은 여우였네요! 서커스를 본 적이 있나요? 곰이 공을 팅기면서 신나게 재주를 부리지만, 입장료는 누가 가져갈까요? 곰이 아니라 곰의 주인이겠지요? 이렇듯 고생하여 일한 사람이 대가를 받지 못하고 다른 사람이 받을 때 '재주는 곰이 넘고 돈은 주인이 받는다.'고 해요.

● 〈먹기는 발장이 먹고 뛰기는 말더러 뛰라 한다.〉로 바꿔 쓸 수 있어요. 발장은 조선시대에 말을 타고 공문서를 전달하던 벼슬아치인데 열심히 달린 말에겐 아무것도 먹이지 않고 자신만 배불리 먹는 상황을 비유한 거예요.

제 눈에 안경이다

보잘 것 없는 물건이라도 제 마음에 들면
좋게 보인다는 말.

전래동화 **두더지의 사윗감**

옛날, 아주 먼 옛날 두더지가 딸과 함께 살고 있었어요.

두더지 눈에 딸은 어느 나라 공주님보다 더 예뻤지요.

"우리 딸을 세상에서 가장 힘이 센 사위와 결혼시켜야 할 텐데."

두더지는 고민하다가 결국 세상에서 가장 힘이 센 사위를 직접 찾아
나서기로 했지요.

마침 때는 한여름이라 햇볕이 쨍쨍 내리쬐고 있었어요.

"아이고, 덥다 더워. 온 세상 모든 것이 저 해님 하나 때문에 힘을 못
쓰는구나. 역시 세상에서 가장 힘이 센 것은 해님이로다."

해님을 사위로 삼기로 결심한 두더지가 해님을 향해 큰 소리로 말했어요.

"해님! 제 사위가 되어 주세요!"

그 순간, 커다란 구름이 나타나 해님을 가려 버렸어요.

"어라? 힘이 센 해님을 한 순간에 가려 버리는 저 구름이 해님보다 더 힘이 센 분이로구나."

두더지는 구름을 사위로 삼아야겠다고 생각하곤 구름을 향해 큰 소리로 말했어요.

"구름님! 제 사위가 되어 주세요!"

그런데 갑자기 강한 바람이 불어서 구름을 휙 밀쳐내 버리는 게 아니겠어요?

"옳지! 해님보다, 구름보다, 더 힘이 센 것은 바람이었어!"

바람이 하도 거세서 두더지도 나뭇가지를 붙잡고 휘청거렸어요. 두더지는 바람을 향해 소리쳤지요.

"바람님, 바람님! 제 사위가 되어 주세요."

그 순간 바람에 휙 날아간 두더지는 그만 단단한 것에 머리를 부딪치고 말았어요. 정신을 차리고 보니 커다란 돌부처가 강한 바람에도 아랑곳 않고 꼿꼿하게 앉아 있는 것이 아니겠어요?

"이렇게 세찬 바람에도 꿈쩍하지 않다니! 돌부처야말로 해님보다, 구름보다, 바람보다 더 힘이 센 분이로구나!"

두더지는 돌부처에게 큰 소리로 외쳤어요.

193

"돌부처님! 제 사위가 되어 주세요!"

그때였어요.

갑자기 돌부처가 '쿵' 하는 소리와 함께 쓰러져 버리는 것이 아니겠어요?

"아니, 이게 어떻게 된 일이지?"

돌부처가 쓰러진 곳에서 젊은 두더지 총각이 낑낑거리며 올라왔어요.

두더지 총각이 땅굴을 깊게 파는 바람에 바닥이 약해져서 돌부처가 쓰러져버린 거예요.

두더지는 두더지 총각의 손을 덥석 잡으며 말했어요.

"자네야말로, 해님보다, 구름보다, 바람보다, 돌부처보다 힘이 세구먼! 내 사위가 되어 주게나!"

그래서 두더지는 이 두더지 총각을 사위로 얻었답니다. 주변 사람들이 아무리 제 눈에 안경이라고 비웃어도 두더지 눈에는 자신의 사위가 세상에서 가장 힘이 센 두더지였지요.

두더지는 분수에 넘치는 엉뚱한 희망을 품었지만, 결국 같은 두더지를 사위로 삼았어요. 하지만 남들이 어떻게 보든 자기 마음에 들면 그걸로 된 것 아니겠어요? 이렇듯 남이 무엇이라 하든지 제게 필요하고 맞으면 그만이라는 데에서 '제 눈에 안경이다.' 라는 속담이 생겼어요.

좋은 약은 입에 쓰다

우리에게 유익한 충고나 좋은 말, 나의 단점이나 잘못을 지적하는 말을 잘 새겨들으면 나에게 유익하다.

탈무드 **머리와 꼬리의 다툼**

뱀의 꼬리는 언제나 화가 나 있었어요. 하루는 뱀의 머리에게 불만을 터뜨렸지요.

"왜 나는 언제나 네 꽁무니만 쫓아다녀야 돼?"

"너한테는 앞을 볼 수 있는 눈도, 위험을 알아챌 귀도, 생각할 두뇌도 없으니까 할 수 없잖아."

"눈과 귀와 두뇌가 없다고 해서 늘 뒤에 서야 한다는 건 너무 불공평해."

"앞장서는 건 네가 생각하는 것만큼 재밌진 않아. 위험한 일도 많다고! 나는 너를 위해서 희생을 하고 있는 거야."

"웃기지 마! 너한테 끌려 다니는 것도 이제 지쳤다고!"

꼬리는 있는 힘껏 몸을 움직였어요.

"제발 한 번만 내가 앞장서게 해 줘. 응?"

"안된다니까? 너에겐 눈과 귀와 두뇌가 없…….”

"넌 내게 언제나 쓴소리만 해대는구나. 머리 네 말은 이제 듣기 싫어!"

"좋은 약은 입에 쓰다는 말도 몰라? 내 말을 듣지 않는다면 후회하게 될 거야."

"흥! 이제 난 내 멋대로 할 거야."

머리는 달래 보기도 하고 충고를 하기도 했지만, 끝내는 꼬리에게 지고 말았어요.

"딱 한 번만이야. 딱 한 번만 네가 앞장서는 거야."

"걱정 마! 잘할 수 있으니까!"

머리의 말에 꼬리는 의기양양하게 앞에 나섰어요.

"어이쿠!"

하지만 앞을 볼 수 없기 때문에 얼마 못 가 어두컴컴한 도랑에 굴러 떨어지고 말았지요.

"아무것도 안 보여! 나 좀 살려 줘!"

머리의 도움으로 겨우 도랑에서 빠져나온 꼬리는 이번에도 제멋대로 앞장섰어요.

"아깐 실수했을 뿐이야."

"어어, 조심해!"

꼬리는 또 다시 시퍼런 가시덤불 속으로 기어 들어가고 말았지요.

"앗, 따가! 앗, 따가!"

이번에도 머리의 도움으로 가시덤불에서 빠져나온 꼬리는 이번엔 시뻘건 불길 속으로 들어갔어요.

"앗, 뜨거! 앗, 뜨거! 머리야! 제발 나 좀 구해 줘!"

꼬리가 소리쳤지만, 이미 때는 늦었답니다.

약은 입에는 쓰지만, 우리 몸속에 들어가면 병을 치료해 주는 고마운 존재예요. 마찬가지로 남이 나에게 하는 충고나 지적은 듣기엔 기분이 좋지 않겠지만, 잘 새겨듣고 고친다면 약처럼 고마운 존재가 될 거예요. 여기에서 '좋은 약은 입에 쓰다.' 는 속담이 생겨났지요.

- 〈꿀도 약이라 하면 쓰다.〉로 바꿔 쓸 수 있어요. 자신에게 도움이 되는 충고지만 그 말이 듣기 싫다는 뜻이지요.

- 반대의 속담은 〈사탕은 먹을 때만 달다.〉예요. 달콤한 말은 들을 때만 좋지 실속은 없다는 뜻이에요.

48 쥐구멍에도 볕 들 날 있다

아무리 고생만 하는 사람도 운수가 터져
좋은 시기를 만날 때가 있다.

 세계명작 **왕자와 거지**

가난한 사람들이 모여 사는 런던 뒷골목에 톰이라는 아이가 태어났어
요. 그런데 바로 그 날 궁전에서도 톰과 똑 닮은 에드워드 왕자님이 태
어났답니다.

둘은 생김새는 똑같았지만, 모든 면에서 달랐어요. 톰의 아버지는 톰
의 탄생을 못마땅해 했고, 에드워드의 탄생은 전 국민의 축하를 받았으
니까요.

열세 살이 된 톰은 거지가 되었어요. 돈을 구걸해 오지 않는 날은 아
버지에게 몹시 매를 맞았어요.

그러던 어느 날 아주 먼 곳까지 구걸을 나간 톰은 마침 궁전 앞을 지나게 되었어요. 담 너머로 멋진 옷을 입고 산책을 하고 있는 누군가가 보였지요.

"어? 저 사람은 누구지? 왕자님인가?"

톰을 발견한 문지기들이 달려들어 톰에게 호통을 쳤지요. 그때 왕자가 다가왔어요.

"왜 어린아이에게 함부로 대하느냐? 저 아이를 안으로 데려오너라."

왕자는 마침 궁궐 생활을 지루해하던 참이었어요. 왕자는 톰에게 궁궐 바깥의 세상에 대해 물었지요.

"저는 단 한 번이라도 좋으니 왕자님처럼 지내고 싶어요."

"그렇다면 우리 옷을 바꿔 입어 보지 않을래?"

옷을 바꿔 입은 둘은 깜짝 놀랐어요. 두 사람이 마치 쌍둥이처럼 똑같았거든요. 에드워드는 세상 구경을 하기 위해 궁궐 밖으로 나갔어요.

"대체 어딜 갔다 오는 게야?"

톰의 아버지가 나타나 에드워드를 때렸어요.

"전 톰이 아니라 이 나라의 왕자 에드워드입니다."

"너 머리가 이상해졌구나! 어서 돈을 구걸해 오지 못해?"

그 사이 궁전에 남은 톰은 주변 사람들이 자신을 왕자로 대해 주자 어리둥절했어요.

"전 왕자가 아니라 거지 톰이에요!"

하지만 아무도 그의 말을 믿어 주지 않았지요.

톰은 점점 궁궐 생활에 적응되어 갔어요.

"쥐구멍에도 볕 들 날 있다더니, 내가 이렇게 화려한 생활을 다 해 보는구나. 하지만 불안하고 걱정돼. 왕자님은 어디 계실까?"

그러던 어느 날, 에드워드의 아버지인 임금님이 돌아가셨어요. 에드워드는 소식을 듣고 슬퍼했지만 궁전으로 돌아갈 방법이 없었지요.

톰이 왕의 자리를 이어받아 새 왕이 되는 날이 되었어요.

"내가 진짜 왕관의 주인이다!"

왕관이 톰의 머리에 씌워지려는 순간, 진짜 왕 에드워드가 나타났답니다.

"에드워드 왕자님!"

톰은 기뻐하며 에드워드를 반겼어요.

왕의 자리를 되찾은 에드워드는 거지로 지내면서 겪었던 어려움을 잊지 않고 백성들을 위하는 훌륭한 왕이 되었답니다.

좁고 캄캄한 쥐구멍에도 언젠가는 햇빛이 들 거예요. 즉 당장은 쥐구멍에 비유될 정도로 고생이 심해도 언젠가는 좋은 때가 온다는 것이지요. 아무리 사정이 어려운 사람이라도 반드시 운수가 좋아질 날이 온다니 지금 당장 어려운 일이 있더라도 참고 견디다 보면 좋은 날이 오겠지요?

왕자와 거지의 작가, 마크 트웨인의 일생

트웨인은 11살 때 아버지가 세상을 떠나자 인쇄소에서 일하면서 잡지에 글을 쓰곤 했어요. 학교 교육을 제대로 받지는 못했지만 도서관에서 닥치는 대로 책을 읽으며 지식을 쌓았답니다.

22살 때부터는 수로 안내인으로 일하게 되었는데 이때의 경험과 어린 시절부터 미시시피강을 무대로 생활하고 뛰놀던 경험이 합쳐져 그의 대표작인 〈톰 소여의 모험〉과 〈허클베리 핀의 모험〉이 탄생했어요. 그는 이런 소설을 통해 흑인들이 차별받고 무시당하는 현실을 비판했고 실제로 흑인 학생들이 대학에서 공부할 수 있도록 장학금을 지원했어요. 또한 여성들의 인권이 남성에 비해 낮은 것에도 관심을 기울였고, 노예 제도를 없애는 것에도 찬성했답니다.

발명에도 관심이 많아서 작품 활동으로 번 대부분의 돈을 발명에 쏟아부었다고 해요.

그의 또 다른 작품, 톰 소여의 모험

〈톰 소여의 모험〉은 마크 트웨인의 대표작이에요. 원래 어른을 위한 소설로 쓰인 작품이었지만, 어린이들에게 더 사랑을 받아 동화로 바뀌어 출판되었지요.

주인공 톰 소여는 언제나 기상천외한 말썽을 피우는 심한 장난꾸러기예요. 그는 미시시피 강과 숲을 배경으로 해적이 되기를 꿈꾸기도 하고 살인 사건의 범인을 밝혀내기도 하며 보물을 찾아 내는 등 대단한 모험을 펼칩니다. 물론 그의 옆에는 친구 허클베리 핀이 언제나 함께 하지요.

이 이야기는 어린이들에게 진정한 우정과 용기를 가르쳐 주며 힘들고 고통스러울 때 어떻게 웃음과 사랑으로 그것을 대처해 나가는지를 보여 준답니다.

티끌 모아 태산

작은 것이라도 모이면 큰 것이 된다.

전래동화 **볍씨 한 톨**

옛날 어느 마을에 며느리를 셋 둔 부자가 살고 있었어요.

부자에겐 한 가지 고민이 있었는데, 그건 바로 누구에게 곳간의 열쇠를 물려줄까 하는 것이었죠.

"큰며느리는 너무 게으르단 말이지. 둘째는 행동이 방정맞고, 셋째는 아직 나이가 너무 어려. 이를 어쩐다?"

그러던 어느 날, 부자는 좋은 생각이 났는지 세 며느리를 모두 불러 들였어요.

그리곤 볍씨 세 톨을 내밀었지요.

"이것은 아주 귀한 것이니라. 잘 간직하도록 하여라."

볍씨 한 톨씩을 받아가지고 나온 큰며느리는 입이 삐죽 나왔어요.

"대체 볍씨 한 톨이 뭐가 귀하단 말이야?"

큰며느리는 볍씨 한 톨을 마당에 휙 던져 버렸어요.

둘째 며느리도 마찬가지로 기가 막혔어요.

"아버님이 노망이 나셨나? 이걸 대체 뭐에 쓰라고."

그리곤 입에 넣고 씹다가 뱉어 버리고 말았지요.

셋째 며느리는 받은 볍씨 한 톨을 손바닥 위에 올려놓곤 생각했어요.

"아버님께서 아무 이유 없이 이것을 주시진 않으셨을 거야. 분명히 이 볍씨를 이용해 어떻게 재산을 불리는지 시험해 보시려는 게지. 티끌 모아 태산이랬으니 이 볍씨를 태산으로 한 번 만들어 볼까?"

셋째 며느리는 마당에 볍씨를 가만히 놓았어요. 그랬더니 참새가 볍씨를 주워 먹으려고 날아오는 것이 아니겠어요?

"옳지! 이때다!"

기다리고 있던 셋째는 얼른 소쿠리를 덮어서 참새를 잡았답니다.

시장으로 간 셋째는 상인에게 참새 한 마리를 주곤 병아리를 샀어요. 그러고는 집으로 가져와 정성껏 키웠지요.

시간이 흘러 병아리는 튼튼한 암탉이 되었어요. 암탉은 하루에 한 번씩 알을 낳았어요.

그 알들 중 몇 개는 팔아서 새로운 암탉을 샀고, 또 몇 개는 잘 품어서 또 다른 수탉, 암탉으로 키워 냈어요. 그래서 이번엔 시장에 가서 닭들을

팔아 새끼 돼지를 샀답니다. 새끼
돼지를 정성껏 키우니 금세 어미 돼지가
되었고, 이 어미 돼지가 또 여러 마리의 새끼
돼지를 낳았지요. 셋째 며느리는 이 새끼 돼지들을
팔아 송아지 한 마리를 사서 잘 키워 커다란 암소
한 마리로 만들었어요. 그리곤 그 암소들이 새끼를
계속 낳아 결국 넓은 논을 살 수 있었지요.

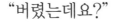

어느 날 부자가 세 며느리를 불러 볍씨 한 톨을
어떻게 했느냐고 물었어요.

"버렸는데요?"

"먹어 버렸어요."

"아버님이 주신 소중한 볍씨 한 톨로 저는 논을
샀답니다."

셋째 며느리의 대답에 부자의 눈이
휘둥그레졌어요.

"아니, 볍씨 한 톨로 논을 사다니?"

며느리는 지금까지 있었던 일들을 다 말했어요.

부자의 입가에 흐뭇한 미소가 번졌지요.

"참으로 기특하구나. 너에게 안심하고 곳간의 열쇠를 맡길 수 있겠다."

티끌은 흙가루, 먼지, 모래 알갱이처럼 아주 작은 부스러기들을 말해요. 이렇게 작은 부스러기들도 모이고 모이면 높고 큰 태산을 이룰 수 있다는 것을 '티끌 모아 태산'이라는 속담으로 표현하지요. 아무리 적은 것이라도 자꾸 모으면 나중에는 많아진다는 뜻이랍니다.

- 〈개미 금탑 모으듯 한다.〉로 바꿔 쓸 수 있어요. 개미처럼 꾸준히 조금씩이라도 벌어서 재산을 저축한다는 뜻이지요.
- 〈실도랑 모여 대동강이 된다.〉도 같은 뜻이에요.

50 하늘이 무너져도 솟아날 구멍이 있다

아무리 어려운 경우에 처하더라도
살아 나갈 방법은 있다.

탈무드 우유에 빠진 개구리

세 마리의 개구리가 신나게 뛰어놀고 있었어요.

"퐁당, 으악!"

"퐁당, 으악!"

"퐁당, 으악!"

그러다 세 마리 모두 우유가 가득 든 통 속에 퐁당 빠져버리고 말았지 뭐예요?

당황한 개구리들은 소리를 질렀어요.

"어푸어푸!"

"개구리 살려!"

"이러다 모두 죽겠어!"

아무리 발버둥을 쳐 보아도 발은 바닥에 닿지 않았어요.

"어차피 죽을 거 힘 빼면 뭐 해? 난 그냥 포기 할래…….."

첫째 개구리가 말했어요.

"안 돼! 하늘이 무너져도 솟아날 구멍이 있다고 했어! 더 힘을 내 봐!"

"난 틀렸어…….."

셋째 개구리가 말렸지만 헤엄치기를 포기한 첫째 개구리는 꼬르륵, 곧 우유에 빠져 죽고 말았어요.

"흑흑. 우리라도 꼭 살아야 해!"

둘째 개구리와 셋째 개구리는 살기 위해 있는 힘껏 헤엄을 쳤어요.

하지만 얼마 안 가 팔다리에 힘이 빠지기 시작했지요.

"나도 더 이상은 안 되겠어. 팔다리가 너무 아파."

이번엔 둘째 개구리가 말했어요.

"포기하면 안 돼!"

"너도 그만해. 우린 어차피 죽게 될 테니까……."

셋째 개구리가 고개를 저으며 말했어요.

"노력도 안 해 보고 죽는 건 바보 같은 짓이야. 하늘이 무너져도 솟아날 구멍이 있다고 했단 말이야!"

"나도 그만 포기 할래……."

꼬르륵, 둘째 개구리도 곧 죽고 말았지요.

셋째 개구리는 다른 개구리들처럼 죽고 싶지 않았어요.

"난 절대로 안 죽어! 어떻게든 여기서 빠져나갈 방법을 찾을 수 있을 거야."

셋째 개구리 역시 팔다리가 죽을 만큼 아팠지만 포기하지 않고 쉴 새 없이 헤엄을 쳤어요.

그러고 얼마나 지났을까요?

"어랏?"

이상한 일이었어요.

어느 순간, 개구리의 발끝에 단단한 바닥이 느껴졌어요.

대체 어떻게 된 일일까요?

셋째 개구리가 헤엄을 치지 않았는데도 몸이 가라앉질 않았어요.

"드디어 살았다! 개굴개굴!"

셋째 개구리는 단단한 바닥에 발을 대고 발돋움을 해서 우유통 밖으로 빠져나올 수 있었어요.

열심히 헤엄을 친 덕분에 우유가 굳어서 버터가 된 거예요.

결국 끝까지 포기하지 않은 셋째 개구리만이 우유통 속에서 무사히 살아 나올 수 있었네요. '하늘이 무너져도 솟아날 구멍이 있다'는 속담은 아무리 어려운 경우에 처하더라도 살아 나갈 방법은 있기 마련이라는 의미로 쓰인답니다. 그러니 너무 빨리 실망하거나 포기하지 말라는 뜻이지요.

- 〈호랑이 굴에 들어가도 정신만 똑바로 차리면 산다.〉로 바꿔 쓸 수 있어요. ★교과서 수록
- 〈죽을 수가 닥치면 살 수가 생긴다.〉도 같은 뜻이에요.

이 책에 나오는 속담과 사자성어

이 책에 나오는 이야기

교과서 속 속담 이야기
속담이 백 개라도 꿰어야 국어왕

글 강효미 ｜ **그림** 최윤지

펴낸날 1판 1쇄 2012년 9월 20일 ｜ 1판 9쇄 2012년 12월 10일
2판 1쇄 2013년 3월 10일 ｜ 2판 21쇄 2024년 10월 20일

펴낸이 이재성 ｜ **기획·편집** 고성윤, 조광현 ｜ **디자인** 이원자 ｜ **영업·마케팅** 김미랑 ｜ **제작** 김정식, 신재길

펴낸곳 루크하우스 ｜ **주소** 서울시 서초구 사임당로 50 해양빌딩 504호 ｜ **전화** 02)468-5057 ｜ **팩스** 02)468-5051

출판등록 2010년 12월 15일 제2020-203호

www.lukhouse.com   cafe.naver.com/lukhouse

© 강효미, 최윤지 2012
저작권자의 동의 없이 무단 복제 및 전재를 금합니다.

ISBN 979-11-5568-581-5 63710

상상의집은 (주)루크하우스의 아동출판 브랜드입니다.